好好谈谈

——让对方欣然同意的 6 个关键

吕涛　著

中国海洋大学出版社

·青岛·

图书在版编目（CIP）数据

好好谈谈：让对方欣然同意的 6 个关键 / 吕涛著. -- 青岛：中国海洋大学出版社, 2024.6

ISBN 978-7-5670-3853-0

Ⅰ. ①好… Ⅱ. ①吕… Ⅲ. ①商务谈判 Ⅳ. ①F715.4

中国版本图书馆 CIP 数据核字（2024）第 097168 号

好好谈谈：让对方欣然同意的 6 个关键

HAOHAO TANTAN：RANG DUIFANG XINRAN TONGYI DE LIUGE GUANJIAN

出版发行 中国海洋大学出版社

社　　址 青岛市香港东路 23 号　　**邮政编码** 266071

出 版 人 刘文菁

网　　址 http://pub.ouc.edu.cn

电子信箱 2627654282@qq.com

责任编辑 赵孟欣　　**电　　话** 0532-85901092

印　　制 青岛国彩印刷股份有限公司

版　　次 2024 年 6 月第 1 版

印　　次 2024 年 6 月第 1 次印刷

成品尺寸 145 mm × 210 mm

印　　张 9

字　　数 179 千

印　　数 1~1000

定　　价 59.00 元

发现印装质量问题，请致电 0532—58700166，由印刷厂负责调换。

序

在一个阴沉的早上，我努力地想挣扎起床，去面对日复一日让人焦虑的早会。但是，脑海中总有一个声音在轻轻地说道：“五分钟，就五分钟，五分钟后就起床。”

此时，电话突然振动，让这个声音云消雾散。电话里一个女同事啜泣的声音，让我一下子清醒起来。

“哥，他们太欺负人了，你说他们怎么这样呢，我昨晚一夜都没睡，实在没办法了，给你打个电话。”女同事哭泣的声音越来越大，让我心里“咯噔”一下。

我赶忙爬起来，穿上衣服。“咋了？没事吧?”我紧张地问道。

“我这正阳着，很难受呢，HR 却通知我去深圳工作，让我下周就去，不能商量，要么去，要么就走人！他们怎么这样呢?”女同事说。

我连忙喘了一口粗气，“吓我一跳，我以为你怎么了呢，那你就跟他们好好谈谈呗！这有啥啊。”

“哥，我谈了，他们不听，我也不知道怎么办了。这才找您的。我不想去，您知道我父母年纪大了，我身体也不好，没法折腾。”

“你怎么谈的?”我问。

女同事断断续续地说了一些，我默默地听着。工作中我是这个她的上级，我还兼任这个互联网大厂的“总教头”，教销售们怎么进行商业谈判。可是我发现，真到用的时候，很多人就跟这个女同事一样，要么将讲的东西忘得一干二净，要么就只会那些冗长的商业谈判的逻辑，在生活中根本没有用武之地。在真正需要谈一谈说服别人的时候，变得手足无措。

能不能帮大家整理一份能够在工作与生活中都用得上的谈判和说服的方法呢?能不能让大家轻松地记住呢?从那一天起，我开始有了这个想法。

在过去将近20年的销售管理工作中，我发现很多人都把“能说会道”当成谈判的重点，于是公司努力地打磨自己的产品和介绍手册，努力地推进标准化的流程和话术。销售们认为只要我的性价比高，只要我说得足够好，对方就会听我的。但是，当下的物质越来越丰富，大家可选择的余地越来越大，年轻人更是越来越以自己为中心，反而不太关心对方有多会说，甚至反感对方的说教。于是，谈判和说服的效率越来越低，最后往往谁也说服不了谁。

在过去几年中，商家的套路越来越多，让消费者掏钱的手段越来越高明。无论是各种形式的促销还是服务管理，让我们冲动地就把好不容易赚到的钱，快速地花了出去。

这中间存在什么问题呢？会不会是很多商家掌握了说服我们的办法，而我们自己还没有重视呢？我们自己是不是还没有学会谈判方法并且用在自己的工作和生活中呢？

本书就是带着这两个问题开始准备的。多亏了西蒙、丹尼尔·卡尼曼、罗伯特·西奥蒂尼这样的心理学大师的理论和巨作。站在他们一众巨人的肩膀上，我慢慢地理解了这一切。也多亏了大厂销售管理的工作岗位，让我能把思考的事情，在实践中检验。

人类非理性的特质和一系列具体的表现，让我们在谈判和说服中表现不一。有的人，比如很多商家已经深谙此道，利用我们的非理性来说服我们。有人还依然蒙在鼓里，在需要谈判和说服别人的时候，效率极低。

知道了这一切，配合心理学的理论支撑，本书有了框架。本书基于“我们人类是非理性的”这一基本论断展开，并且落实到具体的谈判说服场景中。最后依然利用人类思维和记忆的特点，设计了一套让大家可以记住的体系。

总的来说，本书分为两部分。第一部分是预说服，也就是我们如何在没有正式开始谈判前，就让对方觉得可以听我们的。预说服分为三章，包括人是一切、非理性、气场与掌控，每一章都有很多小节，来说明我们应该如何去做，以及背后的理论支撑是什么。第二部分是正式开始谈判和说服，分为三章，介绍我们应该用什么样的沟通技巧，有什么样合理的流程和说服策略，什么是开始谈判后最关键的“定海神针”，希望能够教会大家在正式开始谈判后，怎么利用非理性去让对方同意我们的观点。

而这一切，组合起来，正好是一只狗和一只猫。是不是这样就好记多了？

感谢我夫人和儿子的大力协助。没有我夫人帮忙，我恐怕通篇都是病句。我上小学的儿子帮我画了书中的插画，虽然他刚开始学画画，画得比较稚嫩，但是他非常用心，毕竟每幅画要收我 20 元，这对他来说也是一笔大的收入。

无论你从事哪一行——管理、销售、旅游、餐饮、教育，本书都能帮你让别人同意你的观点。当然，本书也不仅适用于工作的时候，个人生活比如跟孩子沟通、夫妻沟通，邻里往来、朋友相处都能用上。

那么开篇那个女同事后来怎么样了？她成功了吗？我们往下看吧，我就是按照书中的方法教她的。

目 录

开始谈判

第一章：别人听你的吗

1.1　没有人会是一座孤岛

亲，别生气，生活在这个星球上，没有什么是不可以好好谈谈的。

可能你是一名优秀的销售人员。你披星戴月，满脸堆笑，希望你的客户能给你一个机会，为此你就可以多赚一些，为家里多添置点什么。就像《当幸福来敲门》里威尔·史密斯扮演的角色一样，一遍遍地敲开别人的房门，希望对方买自己的设备，有心酸也有激动。

可能你是一名管理者。你每天需要让员工按照你的要求去完成任务，但是你发现这没有那么容易，尤其是越来越多的年轻人成为工作的主力。你还需要代表公司与竞争对手谈判。就跟《中国合伙人》里的邓超、佟大为扮演的角色一样，去美国，西装革履地在一个偌大的会议桌上跟对方唇枪舌剑，有挑战也有欣慰。

可能你是一名酒店服务行业的工作者。你每天面对形形色色的顾客，处理他们各种各样的要求，有委屈也有喜乐。

可能还有很多。

很多人会把头摇得像拨浪鼓：“不、不，我不干这些。”

但是在生活中，我们是不是也经常需要跟家人商量方案，经常置身菜市场、商场、机场，试图说服对方给自己一些优惠或者更多的服务，我们经常需要让孩子安静下来或者放下手机。工作中，我们经常需要说服对方按照自己的计划来，需要鼓足勇气让桀骜不驯的老板相信自己一次，或者告诉身边一个让自己很讨厌的人停止对自己的诽谤。

这是不是需要一点方法？而且最好还让我们在达到目标的过程中，让自己和对方都感受好一点，别那么大动干戈，或者生气至极？要不然，非常可能发生这样的事情。机场工作人员最后帮我们完成了改签，但是我们也没法用上，因为大声争吵和打砸柜台，已经成为被警察带走的原因。孩子最终表面上听了你的方案，去做事情，那是因为我们的狰狞面目让他害怕。我们大吼大叫后，看看悻悻而去的孩子，没有一点成就感，心里就像是压了一块千斤巨石，让他们喘不动气。我们的同事确实停止了在背后对我们的诽谤，但是因为连续的“宫斗”，让你身心俱疲，最终离开公司。

在这个世界上，没有人是一座孤岛。我们每时每刻都在和他人发生链接，就像我们体内的神经细胞的链接一样。神经细胞靠诸如多巴胺、内啡肽等神经递质互相传递完成链接，并让我们的身体感受喜悦或悲伤。而我们和他人之间的链接，是靠沟通谈判技术这种“神经递质”，让我们彼此感受开心或者生气。

正如英国谈判专家西蒙·霍尔顿所说：“除了生死，剩下的没有什么是不可以谈谈的。”

1.2 说服别人的不同风格

现实生活告诉我们，在这个星球上生活，我们时常需要去说服别人，让他们听我们的。其中，我们的谈判对手可能是老板、下属，或者是我们的房东，我们的配偶与孩子。这些人每天以不同的风格和我们“斗智斗勇”。

在试图说服别人的时候，我们都会表现出什么不同的风格呢？

风格一：用自己的身份迫使对方按照自己的意愿行事。

我们每个人有很多身份，是不是领导，是不是长辈，是不是有钱，是不是有权，是不是属于某个组织，是不是看起来很强大。身份各式各样，五花八门。

有了身份之后，人们就会去维护和呈现这些身份。

有人会不苟言笑来显示领导或者长辈的权威，有人会用奢侈品来显示有钱的身份，有人会给谁打个电话来显示权力和身份，再或者把自己弄成凶神恶煞的样子来显示自己的强大。而互联网，又给了我们很多新的可以让对方“臣服”的身份，比如有多少粉丝，是不是很红，等等。

总之，这种风格就是用最简单的办法告诉对方：“你最好听我的，满足我的愿望，否则后果很严重。”尤其是当面对一个很弱小的谈判对象的时候。

我见过在酒店前台指着服务员大吼“你知道我是谁吗”的客人，见过不想被交警处罚、当场打电话找某位领导的驾驶员。我们让自己的孩子去做一件事情，他就是不做，我们可能会骂他甚至揍他。我们如果在一个大公司工作，去跟小公司谈判，可能会逼迫对方按照我们的需求做出让步。

这么做有这么做的道理，因为真的简单有效。同时，我们发现有一部分人尤其喜欢这么做。这是为什么呢？

其实并不是他们针对你。

为什么很多人愿用身份去胁迫别人呢？

著名的心理学家阿德勒指出，人的烦恼都是从人际关系而来的，我们追求社会认同，更追求别人的认同。

进化的过程中，我们祖先如果选择了一个好的部落，合适的部落，会更有机会生存下来。所以选择一个团队和部落，是我们进化而来的偏好。而被部落认同，就是我们生存的关键。到今天为止，社会认同依然是自我概念的一部分。

澳大利亚社会心理学家约翰·特纳与英国社会心理学家亨利·泰吉弗尔一起提出社会认同理论，从中我们可以知道社会认同对我们来说多么重要。

第一，我们有分类的需求。和我们的祖先一样，我们非常希望被归入一个团体。比如，我们是什么单位的，我们是某个航空公司的高端会员，或者是什么软件的高级会员。

第二，我们会倾向认同自己所归属的团队，我们容易把自己和所在的团体紧密联系起来，通过这种联系获取自尊，感到骄傲。我们通过展示自己的奢侈品，告诉别人我们属于有钱人这个群体。我们通过给某个位高权重的人打电话，告诉别人我们属于有权力的人。甚至我们通过某个组织的会员身份，告诉别人我们有很大的影响力。

第三，我们有将自己所在的团队与其他团体相比较的冲动。比如一个球队的球迷大概率看不上另一个球队的球迷，宝马车主也可能看不上奔驰车主。

第四，我们有自我评价的需求。我们通过团体成员的身份来评价自己，这种心理感受强化了自我的概念，让我们觉得舒服和骄傲。

尤其是个人自尊水平比较低的人，通常通过某个团体的认同来增加自尊心。

可是，我们知道当我们用胁迫的方式的时候，虽然也有可能达到目的，但是，对方只要有机会，就会给我们设置障碍，甚至是报复。谈判专家西蒙·霍尔顿说，谈判一个非常重要的原则，是“永远不要对服务员粗鲁，因为你不知道在没人的地方，他会对你的菜做点什么”。谈判中，由于没有人愿意被别人要挟着去做一些事情，所以即使谈的时候满口答应，但是执行和落地时却非常缓慢。

风格二：喜欢用利益去诱惑别人。

基于利益的谈判，跟使用权力或者势力去强迫对方一样，是我们从猿猴时期就开始使用的办法。想想我们茹毛饮血的前辈，为了让对方同意自己的观点，要么就是勇敢地站出来，跟对方打一架，要么就是给对方送些猎物，告诉对方，你听我的，我能给你什么好处。

现在，时代变了，但是我们大脑的进化速度还没有跟得上时代的变化速度。我们跟孩子交谈的时候，会不自觉地说：“你好好写作业去，如果写得好，我就带你出去玩，做不好，你肯定是要挨揍的。”我们让员工做一件事情，会表现为：“你做好了，我给你加工资，做不好，你就另找下家。”这都是利益和要挟的结合。

当然，这种风格的人，其实已经比第一种有了巨大的进步。不用靠胁迫，而是靠给对方一些好处和利益去完成谈判，这着实文明了很多。按照哈佛大学心理学家斯蒂芬·平克的观点，这要感谢商人的贡献。在没有大量的商人之前，人们都是围绕土地、财富、女人进行争夺，这是零和博弈。因为这块地要么是你的，要么是我的，没有别的办法，所以大家就更喜欢用上面说的第一种方式，通过显示自己的强大，用武力让对方同意。但是，有了商人之后，人们发现不用非得你死我活，交换东西就行，大家可以一起获利。所以，我们开始慢慢地有了第二种方式，我要让你听我的，不一定非要打败你，我多给你点利益也一样可行。

只是生活中很多时候，我们发现大家根本不接受这些利益。如果好好想想，这些利益可能是值得的。可是对方不知道为什么就是不愿意接受，对方就是要跟你打一架，想回到第一种方式。

这是因为，在这中间我们忽略了一个重要因素，就是对方不高兴，对方有情绪。一旦有了情绪，就想不到要什么利益，这是我们大脑的一种习惯。

为什么有了情绪就不会考虑利益了？

在这里，我们先简单初步了解一下大脑工作的一些基本原理特点。我们先了解一下，为什么我们一旦有了情绪，就很难再去理性地看待利益。

我们的大脑是慢慢进化而来的，中间有一个区域叫核区，就是我们脑核的地方，这是我们的原始大脑，是我们的生理脑，如脑干、小脑。这个地方所有动物都有，我们和别的动物没有什么区别。这里来控制我们的呼吸、跑步等基本的生理动作。

在原始大脑的外面发展出来第二层，叫作大脑的边缘系统。这里，哺乳动物和爬行动物都有，它是干什么的呢？控制我们的情绪和感情，比如愤怒、恐惧等。杏仁核、海马体、扣带回等都属于这一部分。各部位功能不一样，比如，情绪大多跟杏仁核相关，海马体负责记录记忆和调取记忆，扣带回负责控制意志力、注意力等。大家各忙各的，但是互相合作。

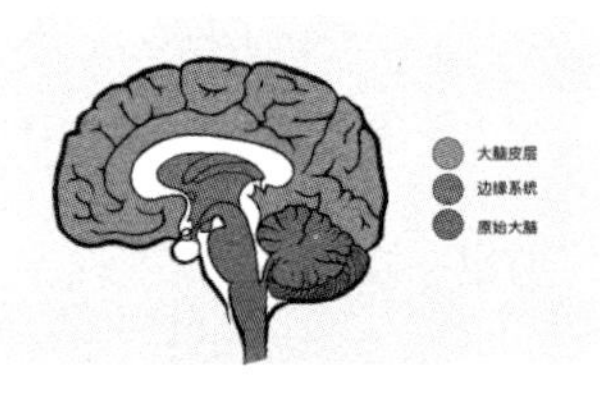

大脑区域图

再外面一层就是我们人类区别于其他动物最重要的部分，大脑皮质层。它是让我们理性思考的区域。包括艺术、哲学这些理性的东西，都是在这里产生，在这里工作的。

我们还得知道，我们的神经系统包括交感神经系统和副交感神经系统，前者负责你的思考、情绪、注意力集中、应对困难等；后者负责你的呼吸、心跳等本能的动作。一个让你亢奋，一个让你冷静。

脑科学家发现，在这里有个特别的机制。我们的大脑边缘系统和交感神经系统，具有更为直接的联系。它们之间联系的脉冲可以直接绕过大脑皮质，也就是理性区域。要知道，我们的情绪产生的边缘系统，是可以直接给我们的神经发信号的，不需要经过负责理性的大脑皮质系统。

这时候，我们的大脑皮质的理性，需要慢慢启动，去和我们的边缘系统的情绪对抗，即使对抗都不一定赢，还要看你的知识、修为等。

比如，看到甜品，立即想吃，这是边缘系统给你的信号；有人能冷静，觉得需要减肥，没有吃，这是大脑皮质启动并且战胜了边缘系统；有人想了想，吃了这顿再减肥也来得及，这是边缘系统战胜了大脑皮质。

再比如，你给你男朋友打电话，对方没接也没回。于是你很生气，并和他吵架。男朋友已经非常卖力地在认错，并且哄着你说要请你出去吃你最爱吃的美食，让你别生气了。但是不行，你还得生气。吃你爱吃的，给你男朋友个机会，对你来说是理性的。但是，你还生气呢，凭什么原谅？

比如，你就是这个惹怒了女朋友的男同学。你知道怎么让她的大脑皮质更好地打败情绪系统吗？你需要给她的大脑皮层加油。怎么加油？

告诉她你了解她的边缘系统。怎么告诉呢？常规的做法是：“宝贝，你要讲道理，你要冷静！”完蛋了，这是给她的边缘系统加油，她会更火。

好的办法，是你要让她知道她的理性还没有启动。所以你可以说："宝贝，我能感受到，由于我没有及时回你的电话，让你很生气和愤怒，我能感受到你很着急，也很生气。"边缘系统非常"害羞"，当它知道，自己被发现了，就会好很多，会退位让给理性系统。

风格三：走进对方的脑海，尝试改变对方的观念。

由于知晓了这些原理，有人就开始呈现出第三种风格。这个时候，有的人开始表现出来非常尊重对方，向对方的想法表示理解。因为我们读的书越来越多，文明已经成了我们生活的主要元素。我们自己也希望别人认为我们有素质。

于是，我们开始去尊重和理解对方，去了解对方的需求和难处，去了解对方的决策流程和制度。比如，我们会去理解商家为什么定这个价格，为什么不能给你打折。

但是，我们只是表示理解，而不是认同。所以，我们要做的是，试图去说服对方改变观念。于是我们说："你这么想是不对的，你给我更低的价格，我就可以买更多，你想想你是不是可以获取更多的利益?"

第三种风格的谈判者，已经不仅仅是停留在自己的利益角度了，他们开始知道，谈判是双方的事情，如果对方不满意，谈判就不能利益最大化。第三种风格的人尝试通过对谈判对方的充分了解，表达尊重，去影响对方的想法，让对方同意自己的观点。

他们相信，对方是非常理性的，应该会知道自己的主意对他们绝对是有好处的。

可是，这个世界是理性的吗？对方都能表现出来理性吗？恐怕不是。于是，为了得到更好的结果，又出现一种新的风格。

风格四：极度关注对面这个活生生的人，开始关注对方好不好，理解对方的情感世界和对方的“非理性”状态。我们把这种风格叫作“全面脑设谈判者”。

这类风格的人知道，其实对手也是一个活生生的人。既然都是活生生的人，那么都是通过自己的感觉和知觉去面对这个世界，所以当压力和风险变大的时候，大家都会感情用事。

第四种风格的谈判者，开始把要挟、利益交换等偷偷放在了一边，也不再费劲去改变对方的想法，他们更关注对方想法的合理性。工作的时候，我听过一门很贵的课，叫作全面脑设（mindset）。这门课讲到，我们人类有两种脑设，一种是全面脑设，一种是片面脑设。全面脑设的人会在乎自己的目标，但是也能把对方的目标考虑在内，并且承认对方的合理性。但是，承认合理性并不代表认同，而是可以接受。片面脑设的人，只在乎自己的目标，认为世界一切都要围绕自己转。

我们举一个例子。

公司有个晋升的岗位。你看到了，张三也看到了。你想："我必须把这个岗位抢过来。"于是除了自己做准备，你也开始抨击张三，你觉得这是竞争的必由之路。竞聘开始了，你发现你输得很惨。因为张三除了准备比你充分，对外抨击你更加全面。在他的抨击下很多人都开始怀疑你的人品有问题了。

第四种风格的谈判者，也就是全面脑设的人会认为："还是张三厉害，自己比不过，还是需要继续修炼！"所以，你有可能会恭喜张三，而不是在那里抱怨不公平。

上面的例子是一个极端。但是，在谈判和沟通中，一旦对方意识到有人在关注和认同他们的感受，对方可能就开始更愿意帮他。表现出来的，就是更容易被打动和被说服。

因为我们人类在谈判和说服别人时，最容易陷入部落效应。也就是大家会习惯性地把我们和对方分开，认为我们属于不同的阵营。我们会给双方贴上标签，一旦贴上了身份的标签，我们就开始对抗，一旦对抗，谈判就放在了脑后。

而当我们开始关注对方这个人，关注他的喜怒哀乐，也就是表达充分的理解的时候，标签就容易被撕掉。撕掉标签，双方就不容易陷入对抗的部落效应，甚至是把彼此当成同一个部落的。既然是同一个部落的，大家就要互帮互助。

第四种方式，是跟我们说的第一种完全不同的，甚至是对立的方式。如果第一种方式是靠去胁迫对方，用自己的强大去征服对方，那么第四种方式就是去唤起对方心灵中柔弱的那一块，让他们感觉到被自己是被尊重、被理解和被认可的。而一旦心里的这块柔弱的地方被启动，就会更容易对对方的认可表示感谢。通常帮助他们达到目的，是表达感谢最好的方式。

我们还发现，在工作和生活中，不管对手是比自己强还是比自己弱，第四种风格的人不仅仅能更容易达成目标，关键是达成目标的同时，双方的心情都会更好一些。

心情更好一点有什么好处呢？当然是使事情更容易落地和实现。

1.3 更容易落地实现的方法

要选择一种风格，让对方更愿意把谈的事情落地。否则谈判桌上所有的讨价还价、唇枪舌剑、让步退步，所有谈判桌上的胜利，都将失去意义。

谈判专家说："谈判是双方或者多方当事人就要执行的一个事情进行商议的过程。"它包括三个阶段：①谈的过程，②达到的结果，③实施行动。

你认为哪个阶段是最重要的？

是第三阶段。因为最终谈好的事情，若执行过程中不能落地，或者大打折扣，整个谈判将毫无意义。

而哪一种风格更容易让事情执行落地呢？

有人会说，可能四种都会，因为不同的场景需要不同的风格。比如在公司的时候，老板发薪水，用第一种风格就很简单。而生活中，为了让女朋友开心，就会用第四种风格。有一个问题，我们会那么迅速地切换不同的风格吗？

我们来看一个故事，想想如果你是我，你会怎么做？会采用什么风格？

一年暑假，我和家人去周边的一个城市旅行。我托了当地的一个朋友订房，他认识酒店的销售总监。朋友帮忙订了温泉酒店一个带温泉的套房。虽然给了些优惠，但是依然价格不菲。不过老人孩子喜欢，我们也很愿意为此买单。到酒店的时候天色已晚，一天的车马劳顿，我们都很疲惫，想尽快跳到房间院子里的温泉中好好地泡一泡，甚至儿子在车上就已经把泳衣换好，喊着口号迫不及待。

前台的小伙子，好像一脸沮丧。一句疲惫的“欢迎光临”，加一个非常职业的非迪香式的微笑。

对方的假笑——非迪香式微笑

迪香式微笑

1860年法国医生迪香发现，真实的微笑信号，不光是扬起嘴角肌肉，而是也会激活眼睛周边的小肌肉，俗成鱼尾纹。小伙子职业性的笑容只会嘴角上扬，却无法控制眼角的肌肉。最近，科学家也发现，我们不可能假冒真实的微笑。我们把真心的微笑叫作迪香式微笑。这是一种发自肺腑、有感染力的微笑。由于我们人类大脑中有种神经元叫镜像神经元，它们的工作，是可以让我们感受别人的情绪的。迪香式的微笑，可以让我们暖暖的，很舒服。职业的微笑很难引起我们内心的感受。

“先生，您订了一间带单独温泉的套房，住一晚。”

“是的。”

“先生，您需要加水吗?”

“加水是什么意思?”我很诧异。

“是这样的，这个房间这个价格是不含温泉水的，您要是加水，需要再支付 500 元，我通知工作人员帮您加上。”

我感觉有点上头：“请问加满需要多久？”

“很快先生，一个小时左右就行了。”

好了，这是一个真实的经历，若你是我，你会怎么做？

你会愤怒地质问他们是奸商吗？

你会用好评引诱对方给你免费加水吗？

你会说服他承认他们的流程不合理吗？

再或者，你是一个让人羡慕的钝感力很强的人，你的反应没有这么激烈，就跟我身边的父亲一样，觉得无所谓，反正你们都有免费的公共温泉，我们去那里就行了，出门在外，哪有事事如意的，无所谓的。

想想自己，你会采用哪种方法呢？

我没有我父亲的钝感力，但是平时我是习惯用第四种风格的。

我还是决定要谈一下，取得我的目标和利益，尽快办理入住，并且争取不要再收我任何费用去泡温泉。

我跟前台小伙子说：“您先帮我办理入住，要不要加钱放水，一会我们商量下。”

小伙子说好的，办理的过程中，我就有一搭没一搭地与他聊着。

“站了一天很累了吧，我看您嘴都干了，这工作不容易啊。”我说道。小伙子有点蒙，抬起头来看了我一眼，“谢谢，现在生意不好，酒店员工都是倒班，只有我们这几个人，干一周了。”

“这太累了，我也做过服务员，一周不休息太累了，你慢慢来。”我没有再说什么，报以微笑，耐心地等他办理。儿子在旁边嘟囔要快点，我对他说：“你看叔叔已经非常努力了，他一下午都没有喝水了，你不是要学着耐心吗？”

小伙子抬头笑笑。

办理完后，我跟小伙子说，如果有可能，在你方便的时候帮忙问问你们销售部，是不是可以帮忙免费加上水，他们好像告诉过我。

小伙子说：“我立即就问。”

当我们进入房间不到 2 分钟，房间的电话响了。小伙子非常兴奋开心地跟我说“先生，我跟我们领导申请了，一会工作人员就过去给您放水，免费的。我还申请了让服务员给您送了 2 份水果，您可以到明天 15 点再退房，我能有的权限可能就这些了。”

那一晚，我们泡得很开心，住得很舒服，心里也很舒服。

第二天，退房的时候，小伙子还在，他用迪香式的微笑跟我们说：“房卡放这里就行了，先生，欢迎下次再来！”

我想他可能也很开心吧。

1.4 不同的结果

亲，谈判和说服别人，并不是必须一方获益，一方就要损失。

疫情防控期间，确实让很多服务行业非常艰难，尤其是旅游餐饮行业。大家都希望房东免房租，可是房东的日子也不好过，如果免了房租，经营者的收益确实会增加，但是房东的收益就会减少，有的还要还银行贷款。最后，想来思去，总有一方得让出自己的利益，否则就谈崩了。

行业艰难了，很多公司就开始裁员。当我们突然被通知要被裁掉，得到了一点法律规定的补偿，但是无法让你满意。你花了 2 年时间去仲裁，不停地通过各种渠道去抨击这个公司。公司的 HR 和业务主管确实也被折腾得不堪重负，选择了辞职。最后，法院判决，这个公司的做法符合法律要求。这是一种谈判结果。

疫情结束，经济回暖，我们的生意和业务开始复苏，你也需要跟你的老板谈谈，业务恢复了，待遇是不是也不再执行艰难时期的了呢？这样可以把市场份额做到更大。老板觉得这是有必要的。这是一种谈判结果。

谈判也是博弈。如果按照上面的例子来看，确实如此。上面 3 个例子分别属于 3 种不同的博弈结果。

零和博弈：一方获利一方受损的博弈方式，也就是双方肯定要分个胜负出来。

以前各个部落、国家的领土之争，各种体育竞技比赛，都是一方赢一方输，甚至很多必须分出输赢，平局都不行。生活中，买股票，或者去赌场，大部分结果也都是零和博弈，你赚钱，对方就要损失，你损失，有人就会赚钱。

给你一分钟，想想看，我们在日常工作生活中需要和别人的谈判，有多少是属于这种类型的博弈？比如，在路边买东西时砍价，或者你想让房东降房租，属不属于零和博弈？

表面上看好像是，对方降价，那不就是少赚钱了吗？可是，对方给了我们合适的价格，我们可能就会买得更多，他也会卖得更快，更快周转。他的利益减少了吗？

房东给了我们合适的降房租的范围，商家减少了一点损失，就继续经营，继续出租房子，房东减少了空置的风险。他的利益减少了吗？

正和博弈：双方都能获益的一种博弈结果。

想想我们生活工作中，大部分需要谈判的场景是不是都可以实现这种结果？比如，夫妻双方春节要回谁家过年这个复杂的问题，是否大部分是通过一年一家来实现，或者通过一起邀请双方老人一起来过年实现的？当你想把一个东西卖给一个客户，并且能持续卖得更好，是否得是这个产品真的对这个客户有用而不是骗他？客户用得很开心，你钱赚得也很开心。

当人类的文明从土地种植慢慢过渡到商业交换的时候，正和博弈变得越来越普遍。大家不需要去抢夺更多的土地，只需各自更好地发挥自己的优势，就能活得不错。

所以，生活工作中的谈判，越来越多地指向正和博弈，也叫作双赢。

负和博弈：双方都输的谈判结果。

比如，你想看足球直播比赛，你夫人想看电视剧，家里只有一台电视。你们谈了谈，谁也不让，最后吵了一架。你气得球不想看了，你夫人气得电视剧也不看了，最后晚饭也没有人做，饿了一晚上。

实际生活中，大家谈到最后，忘却了目标，大打出手的例子屡见不鲜。

当然，有时候，我们为了整体的利益，会故意放弃某些东西，让对方获利多一些，自己输一些。因为有大局观的我们知道，我们是要整体目标的实现，而不是局部的得失。比如前面的例子中，你依然可以选择，不跟老板要求加薪，以获取老板更大的信任，去获取更多。或者你为了家庭和睦选择让你夫人看电视，这些都是策略。当然，对方同样可能会这么做。

负和博弈是最应该避免的一种结果。同时，不管我们的谈判结果最终走向哪里，我们必须得知道，现实生活和工作中，如果对方输了，且对于各种状况并不是很满意，他大概率就不会好好执行谈判结果。

我们如果不能够让对方获利，怎么好意思指望对方让我们获利呢？

1.5 理论支撑

谈判理论和体系近百年开始出现，之后百花齐放，涌现出很多不同的理论和体系，尤其是博弈论的出现，给了谈判更加系统的科学理论支撑。之后各个高校也开始开设谈判课程，开展相关研究，并不断输出系统的体系。

首先不能不提的是哈佛的谈判术，这是现代谈判理论和谈判课程的开端。自 1979 年美国哈佛大学成立“哈佛谈判项目”以来，哈佛大学的科学家们已经撰写了 115 本跟谈判相关的书籍。其中，影响力最大的是罗杰·菲舍尔和威廉·尤瑞的《谈判力》。

哈佛大学的谈判课程，强调正和博弈，也就是“双赢”，尤其强调谈判的目的是利益，而不是立场。工作和生活中，我们很多人，很多时候跟别人谈事情的目的，是为了证明对方是错的，我们是对的。这也是我们日常矛盾和不快的来源。同时哈佛大学的谈判课程，强调关注所有人的利益，包括我们自己的谈判利益，也包括对手的。利益在谈判中不仅重要，而且是谈判的中心。

为了利益的实现，哈佛谈判术强调准备充分，需要制定谈判协议的最优选（best alternative to a negotiated agreement，简称 Batna），也就是一定要有最佳替代方案。确认自己的底线是什么，不能退步的点是什么，还要分析谈判是否存在可达成协议的空间（zone of possible agreement，简称 Zopa）。比如，你最低想卖 100 块，对方只能出 90 块，你们之间就没有 Zopa，你最低想卖 80 块，能多卖点最好，那么 80 和 90 之间就是 Zopa。

有了准备，还得有合理的让步策略，用来避免锚定。谈判的过程中，既要关心谈判的内容，还要关心大家的关系，还得有科学的流程。当面对对立的矛盾或者观点的时候，强调找到分配冲突的客观标准，等等。

这一切不仅仅是为了要更好地分蛋糕，还强调把蛋糕做大。

哈佛大学的谈判课程，是一套科学的、演进的谈判体系，适用于大型商业谈判。于是，很长一段时间，包括麦肯锡、汉莎航空、宝洁在内的大型知名商业组织，都在使用这些谈判和销售逻辑。但是，你有没有感受到，哈佛的谈判技术，是一个把人当成理性的机器的谈判技术？并且他们假设人在大部分的时候都是理性的，是可以理性地思考问题和解决问题的。

事实上真的是这样吗？

下面是一个真实的例子。我同事老刘是一个销售冠军，平时跟我关系甚好。有时候我们也讨论谈判的机会和策略，他是策略和套路的谈判粉丝。

在一个周五的拥堵的下班时间，我坐老刘的车回家。由于是周末，大家很快乐，说着话，听着歌。“咚”的一声后，我们意识到老刘被追尾了。

车速很慢，肯定没啥大问题。我们两个惊讶之后，老刘说道：“我准备要价 1000 块，上次 4S 店报修就是这个价格，然后我找个小地方换一个保险杠就行，还能赚一点。尽量不让保险公司过来，太浪费时间了，堵车也影响别人。”

当然，我是知道罗杰·道森讲的策略的。就他这个车的保险杠也就是几百块的事情，这就是“狮子大开口”的策略。我知道老刘的销售能力，他肯定知道怎么锚定，怎么让步，甚至已经知道了自己的 Zopa。我坐在副驾驶上，看着反光镜，看看他怎么上演这出好戏。

后面的车下来一位女士，而且是一位非常漂亮的年轻女士。在车里，我都能感受到这位女士身上迷人的香水味道。于是我也不由自主地拉开车门走了下来。

我看到老刘一脸蒙，结结巴巴地说："你你你，人没事吧？"

"哎呀，大哥太对不起了，我刚才走神了，我的错，我的错，我赔你，多少钱？"小姐姐楚楚可怜。

你猜老刘要了多少？

老刘说："没事，赔啥赔，也不严重。人没事就行，咱别堵路了。"

在对方的感激中，老刘潇洒地上了车。开了10分钟后，老刘一拍方向盘说："坏了！"

我笑了笑："反悔了？"

老刘拍着脑袋说："忘了要她微信和电话了！"

Zopa呢？

我们的工作生活中，很多人确实也不会经历那么多大型的谈判。更多的是生活中的小事，比如我们想说服女朋友去吃我爱吃的火锅，而不是她想吃的低脂餐；或者让菜市场的商贩谈给我们一个折扣；说服孩子放下手机。这一切也都是一瞬间的事情。难道这些都需要先准备好Batna或者Zopa？

很显然，这不现实。

沃顿商学院的谈判课程，很多时候就是在解决这些问题。

沃顿商学院的谈判课程，以人为核心出发点，讲的是关注我们对面那个人。人几乎决定一切。如果我们能够充分关注对面的这个活生生的人，关注他是不是感受很好，现在是不是很不开心，并给对方尊重，满足他的需求和目标，对方大概率就会帮我们实现我们的目标。

戴蒙德教授的谈判课程，告诉我们为什么要关注人，怎么关注人，如何通过尊重对方建立沟通、建立信任，达成谈判的目标，并且让对方愿意去把谈的事情落地。当然，关注对面那个人，既包括生活中我们需要谈判的对象，也包括工作中那些强大的对手或组织。其谈判逻辑，是通过获取别人的认同和支持，去获取自己的利益。这很适合生活中的谈判。因为这会让谈的事情更容易落地和执行。如果仔细品味，我们会发现其思想和逻辑，非常符合我们儒家的文化，它相信人性本善。若我们通过“仁”去关注别人，关爱别人，通过“义、礼、智、信”去获取更持续、长久的谈判结果的落地，拿到自己想要的利益，又满足对方的利益，关系还能融洽和谐。最后，在自己的利益、对方的利益以及和谐关系之间达到中庸的局面。

围绕着人，业界也涌现出越来越多的细分内容。比如，克里斯·沃斯这个前 FBI 谈判专家所著的《掌控谈话》[①]，也围绕人的非理性，

① (美) 克里斯·沃斯、塔尔·拉兹：《掌控谈话》，赵坤译. 北京联合出版公司，2018。

系统阐述了如何通过沟通让对方同意你的观点的做法。后来，越来越多科技企业也把以人为核心的谈判逻辑当成自己的销售谈判框架。

孟子和荀子在两千多年前关于“性本善”还是“性本恶”的讨论，一直延续到现在。在谈判领域，亦是如此。与戴蒙德教授不一样的，很多从商业里摸爬滚打起来的人，他们对商业谈判的人的理解更偏向荀子的观点。比如，上面英国的罗杰·道森在其《优势谈判》[①]中所给的谈判策略，基本都是围绕如何和我们“不靠谱”的人性对抗，强调用系统的策略去得到自己想要的利益，自己的利益是最重要的目标，对方的利益等等再说。

没法评价谁对谁错。现实中，罗杰·道森的策略也非常有效。包括如何锚定价格，如何制造让对方感觉自己赢了的感受，如何假装不情愿买卖，如何使用“钳子策略”让对方给出更好的价格，等等，都是非常现实和受用的。

人毕竟是这个世界上最复杂的生物。对此，每个人也都有自己的信念，我们无需改变自己的信念，在商业中习惯的对人的态度，在生活中也很难改变。但是我们最好需要知晓。围绕系统的流程和框架思维，以及如何通过更好地关注对手以拿到结果，在这两种谈判基本思维之上，世界上谈判的理论和相关办法也开始百花齐放，但是，大部

① (英) 罗杰·道森:《优势谈判》，迩东晨译. 北京联合出版公司，2022。

分都是围绕这两个事情开始延展。

在说服和影响别人领域的领军人物，社会心理学家罗伯特·西奥蒂尼确实影响了很多人。西奥蒂尼的理论认为，我们可以通过很多办法去潜移默化地影响别人。这其中有六个因素最为关键：互惠、承诺和一致、社会认同、喜好、权威、稀缺。西奥蒂尼认为，这些因素很多时候不需要你特意呈现，它们会偷偷地帮助你影响到别人，帮你说服别人。因为其底层依据依然是相信人的非理性。

1.6 记得住的谈判和说服别人的工具

站在巨人的肩膀上，我们可以更轻松地看清楚谈判和说服别人这事。但是，我发现一个问题。

若不是经过刻意的训练，这些宝贵的知识很难记住。就跟我们序中那个女同事一样，在真正需要用的时候，就会完全忘掉了这些内容，依然靠自己的本能和习惯进行沟通谈判。这不是你我的问题，而是跟我们的记忆规律遗忘曲线相关。那么，怎么去解决这个问题呢？有没有能够特别容易的方法，让我们更好地记住和使用的谈判知识、技能呢？有没有一种办法，能让我们在需要沟通和谈判的时候，能够立即涌现出来一句话，或者一个场景，让我们立即能够启动某一种好用的沟通谈判系统呢？

结合这些伟大学者们的思想精华，结合多年的实际工作，我希望通过一只“汪星人”和一只“喵星人”来帮助到大家。

没错，就是一只狗和一只猫。如果准备沟通谈判的时候，你的脑海中能不能快速出现这两个动物形象“狗和猫”？根据记忆的特点，大概率会的。不信你试试，一个周、一个月过去，你还能不能记住汪星人和喵星人？现在正式邀请你试试。

那么让我们进入下一章，看一看这只“汪星人”和这只“喵星人”，是怎样帮助你的。

本章回顾：

· 谈判，不仅仅是商业的事情，它无时无刻不在我们身边，我们需要了解一些谈判的知识，让我们的生活工作更加轻松一些。

· 工作生活中，我们会经常遇到商谈类型，包括以关注需求为核心的西式谈判方式，以重视人情关系的中式谈判法，以及强调 sop、话术，套路的新中式谈判法。

· 我们有 4 种不同的谈判风格。

· 我们谈判经常有一方得利一方损失，或者双方都获利，双方都损失的，这是三种博弈结果。我们的行动会直接带来这三种结果中的一种。如果在满足自己利益的情况下，双方都能获利，谈判的价值就会更大。

· 学术界，对于谈判的研究分为很多学派。有的是建立在人是理性的动物的基础上的谈判体系，有的是建立在人是非理性的动物的基础上的谈判体系，或者在两者之间。但是，如何能够在生活工作中，遇到谈判的时候能立即想起来、记得住，这是一个问题。我们建立了一个简单的模型，“汪星人”和“喵星人”，希望能够帮助你记住谈判的事情。

第二章：记得住的说服谈判新工具

2.1 一只狗和一只猫

亲，我们在谈判说服的过程中，要时时刻刻关注自己的状态，不能过于讨好，也不能冷若冰霜。

这真的不是在开玩笑——沟通和谈判这事，跟“汪星人”和“喵星人”还真的有千丝万缕的联系。

我们琢磨一下。我们家的“汪星人”是通过什么方法获取它想要的东西的？是不是撒娇卖萌？它们会俯下身子尽可能地讨好我们，当它们获得它们想要的东西的时候，就会开心得又蹦又跳感谢我们。所以，让我们高兴、开心，是它们的常用策略。

“喵星人”是怎么对付我们的呢？它们是不是经常表现出来“你能伺候我，是你的荣幸!”的样子，这可能是它们的想法，或者至少是这么表现的。它们不太在乎我们是不是开心，它们要的是结果。它们有时候会开心，有时候莫名其妙就很暴躁，可能在它们眼里，我们就是它们的奴隶而已。

樊登老师在其《可以复制的沟通力》中，也阐述了类似的内容，只不过他是用如下的一个图形。

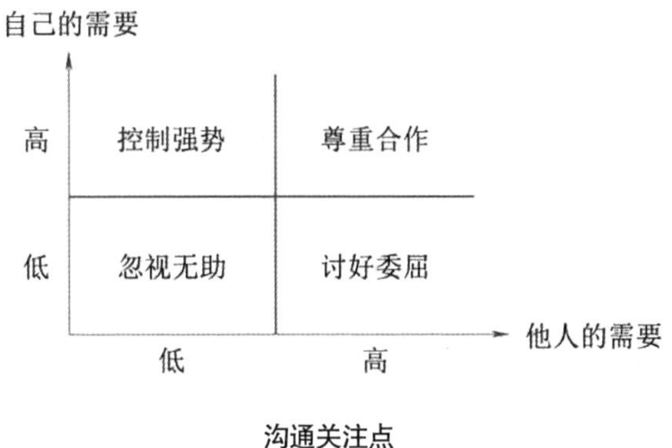

沟通关注点

“喵星人”的状态如果是在左上角“控制强势”这个象限，“汪星人”的状态更多的就是在右下角的“讨好委屈”的象限。

我们在日常生活工作的沟通中，是不是也经常发现这样两种人的身影？有人是千方百计地去讨好别人，对他们来说，双方关系融不融洽、对方喜不喜欢，是他们最关注的事情。所以在和别人谈判的时候，他们会努力表现出亲和的一面，去维护关系的融洽。自己吃点亏没关系。尤其我们国人在“仁、义、礼、智、信”等传统美德的影响下，在谈判中，很多时候不会明显地表达自己的需求和条件。“对方肯定会感觉到，说出来多不好意思，那么功利。”这是他们经常有的想法。

如果面对谈判对手的不满或者愤怒，他们只想着如何从尴尬的气氛中尽早脱身，或者干脆为了照顾他人的情绪，让步了之。

所以很多时候，他们是在交谈，而不是对话。交谈最大的目的是融洽的氛围。比如陌生人之间打招呼，大家如果讨论天气，就不太会有很大的彼此不融洽的概率。

但是有的人相反，他认为：我只要拿到结果就可以了，你开心不开心，跟我没有什么关系。我能不能拿到该拿的利益，能不能保证事情有进展，是最关键的需求。这种人虽然不一定让人开心和喜欢，但他通常会去努力拿到结果，所以也往往会被信任。

他们在沟通谈判的过程中更敢于对话。对话是以双方意见的差异为前提的，继而进行交流。他们不害怕冲突，也不在乎气氛是不是非常融洽。既然要对话，就不是以一方的屈服为目的，需要通过沟通找到出路和解决的办法。但是，必须保证的是他们自己的利益。为了自己的目标，对方的利益可以先放一放。你脑海中是不是已经出现了不同朋友的身影？

为什么大家会有这些差异呢?

我想先提醒一下大家，这并不是一个固态的过程，很多特征是会变化的。而且我们也需要知道，我们有这些不同的特征，很多时候并不是自己希望这样的，这跟我们的人格特征、儿时教育习惯等都有很大的关系。我们需要知晓并感受它即可。

首先，这跟我们的人格特征有很大关系。

心理学家认为，一个人的人格跟遗传有关系。当然也跟所处的环境，包括家庭、学校、社会环境包括童年时期等都有关系。到底哪个影响更大？学术界对此争论不休。我们要知道，人格是我们区别他人的稳定而统一的内在特征。人格包含气质、性格、自我调节系统三个因素。

气质比较稳定，基本是先天形成的。谈判中，有人很活泼，有人很稳重，这些都无好坏之分，任何气质的人都能很好地完成谈判。

性格是我们人格的一部分，是可以通过后天慢慢形成的。性格中有很多社会道德的含义，代表了对现实和周围世界的态度，并表现在行为举止中，所以在沟通谈判中，也会更多地体现出来。比如有人在生活中很关注别人，是暖男的性格，谈判中让自己“汪星人”状态出现的概率就高一些。有人性格自私自利，喜欢把自己凌驾于别人之上，谈判中也会高高在上，只会让别人让步，他们出现“喵星人”状态的概率也更高一些。

对于人格的划分，有非常多的分法，学术界现在比较公认的、使用比较多的是以塔佩斯等一众科学家们在 20 世纪 60 年代提出的“大五人格”，也叫人格的海洋。具体包含如下五种特征。

外倾性，表现为热情，社交，活跃，冒险，乐观等。

开放性，表现为想象力丰富，感情丰富，独具陌生的探索，好奇心很强，兴趣广泛。

宜人性，表现为能亲近人，有同情心，谦虚，坦诚，顺从，信任他人等。

尽责性，表现为有能力，有条理，有责任感，追求成就，自律，谨慎等。

神经质性，表现为焦虑，愤怒和敌意，以自我为中心，防御心理很强，也比较脆弱等。

所以，谈判中我们表现出来的很多状态，其实跟我们的人格有很大关系。如果一个人是宜人性的人格，他在谈判中就会更多地去关注关系是否融洽；如果是神经质性的人格，可能就更容易表现出来易怒、咄咄逼人等。

同样，如果我们在谈判中发现，对手开始暴躁、充满敌意时，要是能想到“他可能不是针对我，这可能是他的人格特征”，我们可能就不会跟他针锋相对。这样就更容易让自己的利益最大化。因为，当我们知道了对方不是针对自己，我们的防御机制就不会轻易启动，也不会那么容易启动“要么打，要么逃”的动作。

其次，谈判和说服中的种种举动还跟动机相关。动机为我们的行为提供驱动，并稳定行为的方向。

人是社会性动物，我们的动机不会仅停留在满足吃饱和繁殖这两个问题上。我们还有很多社会性动机。

在沟通谈判上便是如此。比如，想去管理和影响别人的动机叫作权利动机，权利动机强的人，大概率会更容易表现为以结果为导向、进攻性很强、咄咄逼人，甚至喜欢用自己的权力直接告诉你去做即可。亲和动机也是我们人类的社会性动机，亲和动机强的人，做事情的第一动机是为了拥有良好的人际关系，在谈判中一定会很在乎氛围是不是融洽，大家是不是都很满意等。另外，社会动机还包括学习动机等一系列的动机。所以有的谈判参与者在谈判的过程中，表现出来好学和好奇的很多行为。

造成沟通谈判中表现出来不同风格的另外一种社会性动机是成就动机，也就是人们想取得优异成绩、超越他人的动机。成就动机对谈判的进展有巨大的作用。很多研究发现，智商能力差不多的时候，高成就动机的人，比低成就动机的人成功的可能性更大。做销售的人都知道一句话，销售成功的第一步是你得想成交。

哈佛大学的麦克利兰在 1961 年提出：“成就动机，可以分为追求成功和避免失败两种类型。”两种不同类型的人，在谈判中行为表现差异很大。追求成功的人对成功感到骄傲，对失败则没有那么羞愧，而避免失败的人，对失败感到无地自容，对成功也没有那么兴奋。在目标的选择上，追求成功的人，通常选择难度高的任务，而避免失败的人则相反。谈判中，如果我们是追求成功的动机很强，我们就会更表现出对谈判过程的重视和兴奋，对于失败并不是那么在意，失败了，也不会觉得是什么丢人的事情，谈不成可以以后再来。即使要谈成也得是可以落地执行的，而不是仅仅去获取对方的同意尽快签约。这样他们就会更关注对手的需求，帮助他们解决问题，而不仅仅是为了拿到结果。

但是，一个人如果是被避免失败的动机主导，他一心想的就是不能谈不成，不能太丢人，否则别人怎么看我，同事怎么看我，门卫大爷怎么看我……所以，很多时候，尤其是在商业谈判中能达成交易，能够拿到一个结果而不是更好的结果，就会是最常见的状态。

2.2 为什么有用

亲，pup & cat，哪怕记住两个字母，p（person，对面的人是一切）和 t（target，记住目标）就胜利了一大半了。

上一节，我们花了一点时间，了解了沟通谈判中我们可能存在的不同状态，并说明为什么会有这些状态。我们知道，对面的那个人的各种状态，可能不是针对你。平常心一点，不要把自己看得那么重，同时我们自己也要及时调整状态即可。只有这样我们才能找到更多的机会。

上一节提到了一只“汪星人”和一只“喵星人”，它们的出现，是要提醒我们注意状态的调整。因为只有调整状态，才能让我们能够取得利益最大化，同时也能让双方都感到舒服一些，这样更有机会让谈的事情落地。

“汪星人”和“喵星人”在英文中，有 pup & cat 两个单词。我发现，这六个字母，恰恰能代表一个谈判或者说服别人过程中所包含的重要因素。

更关键的是，这很容易记住。在那些突发的谈判场合能够用得上。

那么我们来看看，谈判的秘诀为什么隐藏在这六个字母中吧。

第一字母 p：person，人是一切。

我非常赞同沃顿商学院斯图尔特·戴蒙德的理论和观点。他认为，在促使谈判双方达成协议的关键要素中，专业知识所起的作用不足 8%，谈判的流程能起到的作用大约占 30%，而人所起的作用超过 55%。也就是双方是否有好感，是否互相信任，是否愿意倾听彼此的要求，这些会很大程度决定谈判的结果。坐在我们对面的人，是我们谈判时首先应该关注的。在接下来的内容中，我会详细地跟大家介绍清楚，在谈判中，如何去关注坐在对面的这个人，如何通过关注对方获取更多机会。我也会介绍清楚，在谈判中，我们怎么去关注我们自己，这也很重要，因为你的状态也会影响谈判。

第二个字母 u：unreason，非理性的。

我们人类都以为自己是理性的，谈判中肯定也是。我们相信我们做了大量的准备，拿着详细的数据和证据，怎么可能是不理性的呢？但是事实却是，如果我们看到对方是一个美女，就更容易让步；我们平时温文尔雅，但是谈判沟通中谈着谈着就开始面红耳赤，甚至大打出手；我们觉得自己识人有方，甚至会相面看命，可是对方往往不跟我们认为的一样，到最后吃了大亏，恨恨地说“当初看错人了”……人虽然是理性的动物，但是大部分时间都在被感性驾驭，谈判中亦是如此。在后面的内容中，我会系统地帮大家梳理清楚，谈判中我们有哪些非理性的因素，它们是怎么控制和驾驭我们的。我们需要用什么办法，去利用这些非理性因素拿下自己想要的目标。

第三个字母 p：power & propose，调节气场、掌控局面。

谈判自然也是一个博弈的过程。我们不得不说一个残酷的事实，谈判时如果想取得你想要的目标，有一个重要前提是你可以自如地转身离开，哪怕是你非常非常想要这个结果。这一切是需要我们的底气和实力的，我们并不鼓励用我们的实力去要挟别人，就像第一章说的，这种谈判会让我们无法很好地落地，对方不会很好地执行。但是，没有 p 这个字母，利益最大化可能不会实现。

因为在谈判中，我们会有一种感觉，那就是当对方的气场比我们强大的时候，当对方让我们很敬畏甚至很害怕的时候，只要他往那里一坐，我们就特别容易忘掉我们谈判的目标。在这种情况下，我们如何能够让自己的利益最大化呢？所以如何能有办法找到我们的气场，如何更高效使用它们？同时，如果对方比我们更强大，我们应该怎么处理？这些就会变得非常重要。我们会在第五章内容中详细说清楚。

第四个字母 c：communication skills，以解决问题为目的沟通技巧。

谈判中，我们经常陷入莫名其妙的对抗。随之而来的就是情绪的激动和言语的冲动。等大家不欢而散的时候，方才想起这次谈判的目的。谈判的目的，是获取自己的利益的最大化，而非谁对谁错。我们争的不是立场，而是利益。有什么办法可以让大家放下立场，聚焦利益呢？有什么办法可以让我们放下情绪，回归理性呢？我们需要科学的沟通办法。在第六章，本书告诉大家谈判中沟通的三个核心要素：听、问、说。即如何好好听对方的说话，判断对方的目的，如何通过提问获取对方的需求，如何通过移情表达满足对方的情绪需求。

第五个字母 a：applicable process，合理的谈判流程中的策略。

我知道很多人在等着这一刻。尤其很多互联网大厂的同学，已经习惯了满脑子的 sop。如果没有流程和 sop，就什么都不是。但是，人是一个复杂的有机结构，不是一个简单的流水线。人和人之间，不能仅仅靠 sop 和套路去相处，谈判也是。

当然，谈判本身确实还是有一些合理的、实用的流程和策略的。这些策略可以提醒我们，也可以帮助我们。更重要的是，可以让我们看清楚对方在干什么。

我向来不主张过多使用策略，因为大部分的策略都是在使用人类的非理性的特点。总有一天，对方会察觉到。尤其是在那种需要长期合作的谈判中更不适合。我向来认为，真诚是最好的策略。只是我们可能需要知道，这个世界上到底有哪些策略，对方会对你使用哪些策略？我们自己可以不用，但是，不能糊里糊涂让别人尤其是那些商家们，在我们身上使用。

我们的对手会有两种特征：“喵星人”和“汪星人”。他们中很大一部分是“喵星人”的特质，不是完全合作型的对手，不以双赢为目的。满足他们的利益是他们的第一选择。虽然，人生不易，我们可以让对方多赚一些，对方也非常不容易，无须事事计较，无需每次都要谈赢。但是，我们可以自己选择不赢，而不是被对方利用，所以，我们需要知道策略。

第六个字母 t：target，清楚的目标。

在中国的文化中，一头一尾出现的都是重要的。

这六个字母亦是如此。

清楚目标就是整个因素群中压轴的角色。为什么目标这么重要呢？

仅仅靠确立目标这个动作，也就是能够在谈判过程中记住自己的目标，谈判者的表现就能提升。谈判的目的不是为了实现双赢、建立好感或者是达成一致，除非这些就是你的目标。谈判的目的是实现自己的目标，所以永远不要将视线从目标上移开。

那么怎么设置目标？如何能够让自己在谈判过程中不忘记目标？如何循序渐进地去实现你的和对方的目标？我们都会在第八章的内容中为大家呈现。

不过，我想大家都知道，谈判本身就是一个复杂的、随机的、混乱的结构。在我们人类的行为领域，有一个不可回避的现实，就是没有十拿九稳的事情，任何谈判办法都不能保证每次都成功，但是“汪星人”和“喵星人”的概念，能提高你谈判成功的概率。

而概率的显著提高，能为我们带来比别人强更多的优势。

本章回顾：

·闭上眼睛，想象一下，你有一只高傲的“喵星人”和一只可爱的“汪星人”。在你需要沟通谈判的时候，它们总会出现在你的身边。谈判中，你要时常想起它们，看到它们，并提醒一下自己的状态。如果需要，自己调整一下，“喵星人”的属性多了，就加点“汪星人”的属性；反之亦然。

·搞定一个沟通和谈判，有六个重要的因素：①人是一切，永远先关注人；②接受非理性；③调整气场，掌控局面；④以解决问题为目标的沟通技巧；⑤适度的好用的谈判策略；⑥永远不要忘了目标。把他们组合起来，就是“汪星人”和“喵星人”（pup & cat）。而这一切，是助你谈判成功的有效法宝。

第三章：人是一切（person is all）

3.1 让对方去实现你的目标

亲，视人为人是谈判和说服的第一原则。我们可以承认我们的目标和利益优先，但是也请把对方的挂念、担心、欢喜、需要、焦虑放在你的思考范围内。

无论是坚信人性本善，还是人性本恶，无论你是想让他欢喜，还是想让他敬畏害怕，我们都得承认，坐在我们对面那个人，是帮我们拿回我们想要结果的唯一通道。

社会心理学家西奥蒂尼称之为喜好，是影响他人的六条原则“互惠、承诺和一致、社会认同、喜好、权威、稀缺”中的重要一环。

沃顿商学院的戴蒙德教授认为，在谈判中，尤其是促使谈判双方达成协议的关键要素中，人能起到超过55%以上的作用。而我们认为很重要的专业知识和技能，只占不到 8%。

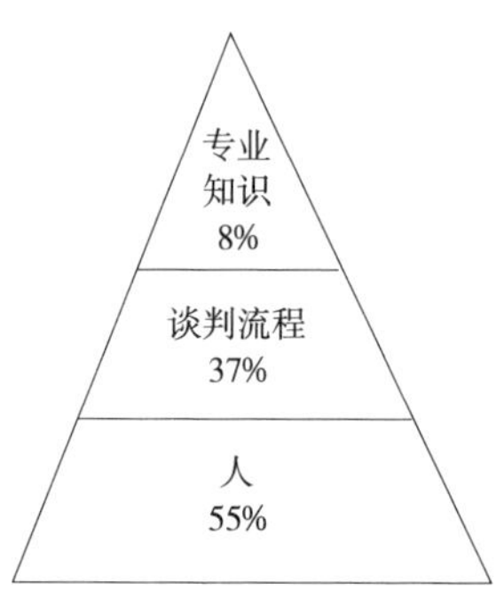

谈判因素占比

我个人很认同这个观点。因为不管你多专业，如果对方不喜欢你也不相信你，他们就听不进你说的事情。对方虽然表现得是一直在听，其实只不过是你一直在说而已。“嗯，对，好”，不代表他们听进去你说的话。有时他们只是在敷衍你而已，并且很多时候只是出于礼貌。

还有一点，非常关键，谁是决策者呢？谁能对你的谈判目标起最关键的作用呢？是你对面这个人还是另有其人？对面这个人能帮你找到真正的决策者，还是会帮你毁掉与决策者的沟通？

要拿回想要的结果，我们就需要先满足对方的需要。但是我们知道，对方嘴里说出来的那些立场，可能并不是他们的真实需求。那我们怎么才能知道他们的需求呢？

我们需要跟对方建立一座沟通的桥梁，走进他们的立场和需求，从而让对方接受我们，愿意跟我们谈一谈。而只有对方认可我们，我们才有更大机会去获取对方真实的需求，进而有利于满足自己的利益。

那怎么建立这一座沟通的桥梁呢？我们下面会给大家一套小的框架，叫作“call 模型”。call，在英语中有“说话”的意思，说话当然也是建立这座桥的核心因素。

3.2 关注你对面这个人

亲，如果对方讨厌你，他们就听不进去你说的一切。

肯定有人会说：“如果我们所处的环境或者我们的实力，能达到像你第一章说的‘用自己身份去迫使对方按照自己的意愿行事’，我还用这么费劲吗?”

也有人会质疑：“我恨死对方了，他们伤害了我，对不起我，我凭什么还需要关注他们!”

很简单，如果你不想谈，就可以选择不谈，这是我们的权利。但是，一旦选择了要去谈谈，就要使自己的利益最大化。为了这个目标，如果不能迫使对方去做，那我们就可以试试这个模型。就来看看关注对面这个人。

商业谈判中，如果到开始谈的时候才关注这些，我猜这场谈判你大概率是不会成功的。这说明你根本没有准备，或者没有充分准备。但是，在生活中，你会面对很多临时的谈判局面。

暑假和家人一起出去玩，到机场的时候正好赶上一个临时的视频会。由于过安检需要放下手机一些时间，这不太符合开会的要求。为了节约时间，同时给家人可以休息的地方，我让夫人和孩子先办理值机手续，安检后进去休息。

夫人平时出差并不多，经验明显不足。她发现自助值机的机器上只有几个座位可选，不知道去人工柜台还有很多可以选择。没有办法，就只能给她和儿子选了两个离得很远的座位。

等我办理登机手续的时候，才发现这个问题，此时可选的座位不多了。当然，三个人分开坐也不是什么大问题，只是孩子还太小，单独坐确实有很多的麻烦。

我想试试在离飞机起飞前 1 小时左右的时间内（很多人都已经选了座位），能不能得到三个在一起的座位。而且，我的夫人和孩子已经拿着她们的登机牌，安检完毕进入登机区域。我需要让他们手里的登机牌作废，重新选座。

当我走到柜台的时候，一个白白净净的先生正在接电话，看样子电话里是机票的问题。那头应该是他同事或者老板在要求他些什么，我能感受到他的烦躁。

但这位先生的职业素养很好，依然用脸夹着电话，抬头向我示意，表示要给我办理。

“您先打完，先生。”我说完的时候，他有点诧异。“唉，旺季一到，大家事都多了起来，你看我也在被这帮人训呢。”我趁着他挂电话，给他看了看我手机的视频会议。

他笑了笑。

“是这样的，先生，我夫人和儿子先办理了登机牌并安检完毕了，她是在自动值机机器上办理的。她出门不多，没有经验，机器上只有分散的几个座位了。这意味着，我小朋友得自己坐，你知道他还挺小的，而且现在疫情防控期间也不允许跟别人换座位。所以您能否帮忙看看有没有机会给我两个连着的座位。”

“别着急，我给您看看。”这位先生很热情。

“他们已经办理完值机手续进去了。”我提醒了一下。

“登机牌在他们手里啊，这有点麻烦，你把他们的座位号给我，我想想怎么弄。”这位先生积极地忙碌着，“登机牌还有可能送出来吗，按照流程，我们得回收撕掉。现在我看了看，只有超级经济舱有在一起的，您要不要付费升级一下，先生。”

“先不用了吧，挺贵的呢。”我笑着说。“要不别麻烦了先生，”我说道，“我看您也挺忙的，我凑合一下行了。”

“那先等一下。”他继续在电脑上飞快地操作着，又拿起电话沟通了一会。很快，他给了我三张登机牌，“超级经济舱空着，我帮您申请了升级，领导同意了。”

他笑着说：“您让您家人把手里的登机牌撕掉，换成这个即可。”

我实现了我的目标，关键是那一次航行都是暖暖的感觉。我做对了什么？——第一条就是，我努力地去关注对面这个人。

我关注对方，对方能感知到吗？

我们人类是有能力感知到对方的感受的。所以只要我们愿意去做，对方是会感受得到的。

我们和很多哺乳动物一样，大脑中有一种特殊的神经元，叫作镜像神经元。意大利帕尔马大学的科学家们，在恒河猴的大脑中发现了这种特殊的神经元，它能够像照镜子一样，通过自己的模仿，去辨识所观察对象的动作的意义，同时能够做出相同的情感反应。比如，看到电影中或者路上有人在伤心痛哭，我们自己也不舒服，甚至会跟他们一起偷偷地落泪。最简单的是，如果我们看到别人吃柠檬，我们自己也会流口水。这都是由这套神经元工作形成的镜像机制。

同样，如果我们发现有人在关注我们，我们也能感知得到。这个过程叫作神经共鸣，这让我们能更全面地了解对方的感受。普林斯顿大学的研究者在一项磁共振的扫描实验中发现，如果两人交流不畅，他们的神经共鸣也会消失。这些生理机制让我们有能力去关注对方。一旦我们双方都能感受到对方是关注我的，重视我的，在乎我的，我们就大概率会减少对抗。不对抗，对我们的谈判来说，是多么的重要。

那我们怎么去关注对方？

提醒自己想想如下几个问题。

· 他是谁呢？此时此刻他有什么感受，他对当前的形势有何看法？他是决策者吗？他能不能对你的事情进行决策？

· 他的情绪好吗？是在难过还是开心？是踌躇满志还是一筹莫展？

· 他的状态好吗？是很累了还是精神焕发？

问完自己这几个问题，给出答案后，再开始你的谈判。

因为问自己这些问题，就是关注的开始，也应该贯穿在整个谈判过程中。

3.3 让对方接受你

亲，我们不能告诉任何人任何事，除非对方愿意听。

你可能会说，这怎么可能？我明明说的时候对方都在表示认可，不信你看对方还在不停地点头示意。说来也是，这应该是沟通谈判中

最常见的场景，一方在说，另一方频频点头认可，好像已经接受对方一样。

沟通过程中，对方的点头表示认可吗？

人类对别人表示认同，是沟通中最简单和最常见的一个动作。原因之一，是在进化的过程中，在野兽横行的时代，我们的祖先们如果不能够被族群接受，被排挤、被孤立，基本上他们就只能成为猛兽们的点心了。所以，对别人表示认可，让别人接受我们，是我们生存下去的重要方法。行为上从众或者直接向别人表示认可，成了我们最原始的行为本能。

表示认可大概率不会惹怒别人。可是点头或者说话，真的就是表示认可接受吗？可能不是。

前 FBI 探员，《掌控谈话》[①]的作者克里斯·沃斯在其书中说，别人对你表示的认可或者点头称赞，实际上有三种，分别是虚伪的认可、肯定的认可、承诺式的认可。

虚伪的认可，是最简单的。这是很多人的礼貌礼仪，目的是让对

---

① (美) 克里斯·沃斯、塔尔·拉兹：《掌控谈话》，赵坤译. 北京联合出版公司，2018。

话尽快顺利地进行而已。这多么的简单，多么的节省精力。

肯定的认可，是对话中大家可能对某些非黑即白问题的肯定。因为我们总有说对的地方，但是这些点头称是，并不代表对方觉得可以跟你谈点什么，更不是说要为你去做点什么。

当然，只有我们做得好的时候，才会遇到对方承诺式的认可。这是良好的开始，这个时候，倾听者可能觉得大家彼此是一路人，这人看起来很靠谱，跟他聊应该会很愉快，或者是我真的喜欢他。

人类是伪装大师，我们很难区分这三种点头称是。但是，如果我们自己都不知道主动去营造环境，主动去获取承诺式的点头称是，恐怕只有一个结局：尽管在谈判中说得天花乱坠，自己表现亮眼，但对方实际上不想为你做任何事情。

面对并不熟悉的谈判对手，我们如何去让对方接受你，表现出来承诺式的认可呢？

3.3.1 如何让对方接受你——拒绝对抗

亲，谈判和说服不是剑拔弩张，我们反而需要消除对抗再开始。

只有在一个积极的氛围中，处于一个积极的思考框架中，我们的

思维才能更加敏捷，双方也才能展现出合作的姿态。

但是，通常我们谈判的时候是带着敌意或者征服的想法的，这难免会让我们陷入对抗中。

为什么我们特别容易对抗，而不是去积极地谈谈?

进化的过程，让我们一旦面临威胁，本能的应对系统会让我们要么打，要么逃。这个时候，我们的身体分泌大量肾上腺素，让我们呼吸急促，出汗，但是充满力量。做好这两种选择的准备，我们的交感神经系统会接管我们的身体，让我们紧张、充满力量，但是此时，没法做出更多的选择。

部落效应，是由哈佛大学的丹尼尔·皮尔罗教授提出的。它是指我们会不自觉地把自己归为某个团队，和另外一个团队展开对抗的行为。比如，我们经常当看到球场上有人开始骂客队，你就会不自觉地一起骂。这跟我们的原始本能有很大的关系，在原始社会，如果我们不能快速地融入一个部落，被他们接受，我们自己是无法对抗那个洪荒的时代的，只能被野兽吃掉。所以我们都有一个本能，去把自己和对手归属为不同的组织，给双方贴上标签。一旦陷入部落效应，我们唯一能做的就是对抗。

如果沟通和说服是在这种状态下进行的，我们不会谈出更多的结果。恐怕谈话之前确定的目标也早已抛之脑后。建造一个积极的环境，主要是为了营造双方能够对话和放弃对抗，并接受彼此的沟通环境，不是让我们彻底放弃压力，放下戒备，彻底放松。从脑科学的角度来看，压力和相对紧张的情绪，虽然不利于创造性办法的产生，但是可以让我们保持理性，少犯错误。

社会心理学家阿伦森在《社会性动物》一书中指出，心理学家发现那些处于良好心境的状态的人，更容易说服别人。

所以，请注意，创造积极的环境，核心是去掉对抗的氛围。

那怎么做呢？你可以尝试如下做法。

①如果你是一个幽默的人，恭喜你，你一定要发挥你的这一点优势，如果你有本事让对方笑，对抗就少了一半；

②降低声音的频率，放慢语速；

③我们自己面带微笑，或让自己的声音带着笑意。

为什么微笑有助于打破对抗?

笑，是人类的天性，达尔文除了《生物进化论》之外，还写过一本书《人类和动物的表情》[①]。他认为，笑，可能是我们人类祖先进化而来的一种区别攻击和打闹的方式。如果你朋友打你一下，你可能会觉得不爽，但是如果他笑着打你，你可能会觉得他是在跟你闹着玩。所以，我们会本能地认为，面带真诚微笑的人没有攻击性，比较有亲切感。同时，笑，也是一种解除危险的警报。

④提醒自己不能对抗，最简单的做法，就是把它写在自己能看到的地方，比如你的手机屏保上。

⑤当自己处于情绪低落的时候，能避免谈判就避免。

⑥确保自己的意志力是足够的，这跟我们体内的葡萄糖含量正相关。尽量在刚吃完食物或者甜品的时候，处理对抗类型的谈判。

但是，如果对方已经开始对抗了怎么办?比如已经开始情绪激动表示异议了怎么办?

我们这个时候需要标注对方的情绪，并对此表示理解。《掌控谈

---

① (英) 达尔文:《人类和动物的表情》，周邦立译. 北京大学出版社，2009。

话》的作者指出，标注是一种通过认知和评估他人感情，并且用自己的话把对方的感受描述出来的方法。

“看起来似乎你有点愤怒。”就这么简单。

为什么标注对方的情绪有效？

加利福尼亚大学洛杉矶分校的心理学家马修·利伯曼发现，当给人们展示愤怒或者其他情绪强烈的人脸照片时，他们的大脑杏仁核部分就会变得非常活跃。当要求试验者对看到的照片的情感进行标注的时候，研究人员发现，他们大脑的活跃区域，就转移到了控制理性的思考部分。

所以，当我们使用理性的文字描述情绪时，我们的大脑就开始从杏仁核的活动，变成理性区域的活动。

当然，我们需要标注的是对方真的、潜在的感受，而不是表面出现的。比如对方愤怒的原因可能和他说的并不一致。我们需要知道背后的原因，并且标注出来。

这是一种能感受到别人，同理别人的能力。

最后，提醒一下，如果标注的时候，表示很多人也都有一样的感受，可能会让对方更容易接受。

比如："这不奇怪，这个事情确实很麻烦，好几个人都跟您一样，非常生气，这确实不容易。"

在一次飞机延误了 3 个小时后，面对飞机上一名乘客怒气冲冲的质问，我们来看看这个空姐是怎么做的吧。

"我到了昆明还需要赶去仰光的飞机！你们这延误，我赶不上怎么办？你负责吗？"乘客说。

"实在对不起先生，您担心赶不上下一趟飞机，看起来您很愤怒。"空姐回答道。

"我当然很生气了！"这位乘客嚷嚷着，但是声音明显小了一些。

"我是您的话，我估计我也会很着急和生气的，这个雷雨天气，为了安全我们确实也不能按时起飞。不过我已经联系了我们航空公司，到达后他们会有工作人员第一时间跟您对接，指引您到转机处。"这位空姐说道，"对了，还有，咱们飞机上还有十几个跟您一样需要转机到仰光的乘客，他们也很着急。"

"这样。"这位乘客平静地说了声谢谢。

3.3.2 如何让对方接受你——我们是一样的

亲，最在意镜子里的人的，其实是你自己。所以想办法让对方觉得，我们很多地方是一样的。

我们人类有喜欢跟自己一样的人的天性。

对于这种天性，古人称之为“物以类聚，人以群分”。我们很多时候看一个人是不是顺眼，重要的标准就是是否和自己一样。人类的天性之一就是，看自己是最顺眼的，所以但凡能和自己相似的，我们都会认为是很舒服的。

很多夫妻都有夫妻相，为什么？不仅仅是大家一起吃饭，一起看电视，一起笑，皱纹越来越一样。而是我们在寻找自己另一半的时候，就会默默地去找那些很多地方跟自己像的人，这不仅仅包括对方的行为爱好，也包括容颜。国外的研究者做过一个测试，把脸书上不同男女（一半是夫妻，一半不是）的照片放在一起，让别人判断哪些是夫妻，居然有 72%的正确率。因此，我们很多时候就是靠跟自己的相似性，来找自己的伴侣的。

《潜意识》的作者，著名的物理学家列纳德·蒙洛迪诺，在其书中举了一个经过严格科学统计的例子，在美国，同样姓氏的人结婚的比例，会是不同姓氏人的 3~5 倍。[①]

我们为什么这么喜欢和自己一样的人？

我们人类都有自我良好的这种基本的欲望，所以潜意识更偏爱与我们有同样特点的东西（甚至看起来毫无意义的特点，比如上面说的姓氏的例子）。科学家们在大脑里发现了一离散的区域，叫作背侧纹状体，这个区域主宰了我们的这种偏好。

经典社会心理学名著《社会性动物》[②]系统讲述了我们人类大脑的很多固有偏见，这些偏见很难被轻易克服掉。最简单的“双重标准”，也就是我们解释发生在自己身上的事情，和解释发生在别人身上的事情，会天然地给出不同的说法。比如，我们自己做得好，就解释为是我们自己的能力强，解释别人做好，就是客观运气好。

类似的偏见还有很多，比如自我证实偏见（千方百计证明自己的

---

① （美）列纳德·蒙罗迪诺：《潜意识》，赵崧惠译. 中国青年出版社，2022，第 21 页。

② （美）乔舒亚·阿伦森，艾略特·阿伦森：《社会性动物：进阶阅读（第 12 版）》邢占军等译. 华东师范大学出版社，2022。

观点是对的，又称“证实偏差”）、消极偏见（我们总是习惯关注坏的事情、忽视美好的事情）等等。其中，有一个偏见对我们影响很大，这就是自我中心偏见。我们总是习惯性地认为我们是世界的中心，甚至我们看世界杯比赛输了，都可能认为是自己看了的原因。同时我们会倾向于寻找、关注和记忆与自己观点一致的信息，与我们原有的观点不相容的信息会更容易遭受质疑，并且容易被判断为不可靠。

那么，怎么做才能让对方感觉和自己一样呢？

总结下来，就是一个关键动作是 mirroring（以对方为镜子）。《掌控谈话》[①]的翻译者把他翻译成“重复”，也有学者翻译成“模仿”，核心就是用对方的行为、语言，调整自己的行为。

第一，最简单的就是重复对方的话。

这不是让我们鹦鹉学舌，简单地去模仿对方说话，而是把对方说的关键点和关键词汇提炼出来进行重复。这是 FBI 谈判专家用得最多的一个方法，甚至 FBI 在跟绑匪谈判的时候，被要求重复对方说的最后三个单词，或者三个单词中最重要的那个。这一招极其简单，也极其管用。

---

① （美）克里斯·沃斯、塔尔·拉兹：《掌控谈话》，赵坤译. 北京联合出版公司，2022。

为什么重复对方的话会管用？

心理学家理查德·怀斯曼进行了一次研究，他通过观察一线的服务人员，找到了能与陌生人建立起有效沟通的方法：一是重复对方的话，二是积极肯定。

哪一种最好用呢？

他进行了测试，发现竟然是前者。他找来两群服务员，一群利用积极肯定的方式，用“非常好、很好”等语言向客人传递赞扬和鼓励。又找到另外一群服务员，只让他们简单重复客人的要求。客人说：“我要一份牛排。”服务员回答：“要一份牛排。” 客人说：“这么热的天，来杯啤酒。”服务员说：“需要一杯啤酒。”就是这么简单的重复。结果惊讶地发现：使用“重复”方法的服务员，获得的小费比用“肯定”方式的服务员多70%。

心理学家指出，重复对方的话，叫作“趋同行为”。其核心是模仿，是人类的一种神经活动。我们通过互相重复对方的言行来获得确认。这种无意识的行为，表明双方开始紧密联系，步调一致，并且开始往信任的方向发展。

我在做销售管理的时候，有一次接了一个客户的电话。电话那头是一个大姐，大姐应该是找我们的业务员找不到，她很着急想把线上的一个产品下线，但是她不会。按照流程，作为业务员的上级，她就会打给我。

“你们公司太差了吧，为什么找不到人，为什么下个产品这么费劲?”我能感受到这位大姐的生气。

我本来懒洋洋的，突然也就来了精神，嗓音也自然地放低了一些。

“下线产品太费劲了，您找不到我们公司的业务经理，而且您很着急下，却没人能帮忙。”

“对，我给你们业务经理打电话，她说她在开车，非得停下车才能给改。你们这么大的公司没有别人了吗，为啥只有她一个人?”

“只有她才能为您服务，这很不科学、很耽误事。”

“是的!”

“这真的会让人抓狂，对不起了姐，让您生气了。”

电话里那头沉默了一会，我能感受到大姐的心情平静了下来。“你能不能帮我改改？小伙子?”

其实我并不会改，我只能说：“没问题，姐，放心，我立马处理，我给立即给她电话，让她想办法先停车给您改了，您知道还得她来改，因为只有她有你们的改价权限。”

“呃，那等等吧，她在开车，也得注意安全。”我能感受到大姐很不好意思。

“您放心，肯定第一时间处理，等我们一下。”

大姐最后有点不好意思，非常温和地说：“小伙子，你也别生气啊。”

我怎么会生气呢。

这一招真的管用，而且特别简单。

第二，以对方为镜子，悄悄模仿他的语调、坐姿、小动作，也会起到一样的作用。

基于我们对和自己一样的人的喜欢是全方位的，除了重复对方的话，肢体语言也是我们需要关注的重要内容。因为肢体语言很多时候传递的信息远大于口头语言，而且很多时候肢体语言被潜意识控制，反而是很难撒谎的。

我们都听说过一个著名的“7、38、55”定律，也就是人们进行面对面沟通的时候，关于其重要程度，说话的内容能占到 7%，声调能占到 38%，而肢体语言能占到 55%，在面对面沟通的时候，很多专家学者认为肢体语言的重要性是最强的。

想想我们是不是在和一个人相处的时候，哪怕我们根本没想关注，会很快地感知对面这个人语言以外的其他小动作？他为什么这么嚣张地坐着？他为什么老喜欢扶眼镜？我们总是偷偷地给自己很多答案。而一旦他们的这些动作和我们一样的时候，我们潜意识中也会快速接纳对方，觉得对方跟我们是一路人。

为什么一样会有用呢?

研究影响力的知名社会心理学家，社会心理学家罗伯特·西奥蒂尼指出，人们行动合一时，不光是认为彼此更相似，此后的评价也会更积极，彼此之间的更相似，变成彼此之间的更喜欢。

为了验证这一想法，加拿大的研究人员提出，能不能通过一致的动作，提升彼此的喜欢程度，从而减少种族歧视呢？于是研究人员进行了一项实验：让白人受试者观看了 7 段视频，内容是黑人拿起杯子喝了一口水，然后把杯子放回原处。他们把受试者分成两组，第一组只是观看，第二组需要模仿视频中黑人一模一样的动作。稍后，他们测试隐形的种族偏好，只是观看的那一组白人依然表现出明显的偏见，而第二组，那些跟黑人做同样动作的白人受试者则没有表现出来这种偏见。

说到这里，我们还说一个更加神奇的事情，那就是一样的动作，会让团队成员更加互助和支持。

我们上高中和大学的时候，要在又热又晒的时候去进行军训，而军训的主要内容就是进行队列训练。那些齐步走、正步走、跑步走，搞得我们崩溃不已。

那个时候我们应该都不明白，为什么要搞这些？教官和老师告诉我们，通过军训，我们可以锻炼个人坚定的意志，增强团队合作，培养严明的纪律，我们肯定也会嗤之以鼻。

但是国外的研究人员给了我们答案。

为什么大型组织喜欢搞军训或者统一动作的拓展训练？

研究人员为了搞明白军训对团队凝聚力的作用，将参与人员分成几组，第一组进行严格的队列训练，其他组不做队列训练，只是在一起走路即可，大家说说笑笑打打闹闹都无所谓。

稍后，几个小组一起参加了一个经济游戏，他们既可以最大化地提升自己的获得，提升个人受益的机会，也可以放弃一些机会，以确保自己的队友获得最大的收益。结果很有趣，队列训练的那一组，比其他组选择合作的比例整整高了50%。

最初的动作一致，带来了联盟的感觉，从而让人更乐于牺牲个人利益换回集体的利益。

说到这里，大家也能明白，军队里为什么要年复一年地进行军事训练，我们也能明白，很多普通人到了部队后，在很多时候可以牺牲自己，保卫队友和国家。

一致的动作，发挥了很大的作用。

但是我们在这里必须知道一个事实，一旦涉及顺从和控制的场景时，我们往往采用相互互补的姿势，而不是照搬对方。比如面试的时候，如果面试官是非常强势的扩大自己范围坐姿时，面试者往往采用双腿并拢双手紧锁的顺从姿势。

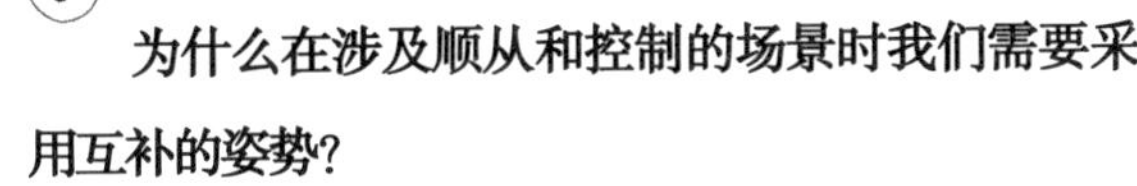

为什么在涉及顺从和控制的场景时我们需要采用互补的姿势？

斯坦福大学商学院的研究人员，设计了一项研究，来探讨主导或顺从的非言语表现带来的影响。他们把两个人放在一个屋子里，让他们讨论一些名画的问题。但是，研究的真实目的是研究被实验者调整自己身体姿势的情况。因为饰演的两个人中，有一个人是研究人员，他会故意采用控制性的身体姿势（比如跷着二郎腿，或者右脚踝靠在左大腿上），或是采用顺从性姿势（比如双腿并拢，双手放膝盖等）。研究结果是，被实验者往往会采用跟研究人员相反的姿势。更有意思的是，当采用相反姿势的时候，双方感觉舒服的程度更高。

而这一切都不是有意调整的，完全是潜意识的动作。

所以，提醒自己模仿对方的一些小动作，采用互补的姿势应对顺从和控制的某些局面，会增加对方接受我们的概率。

第三，找到共同的特点，使用一个频道。

上面我们说了很多遍，人类天生喜好和自己一样的东西。

沟通谈判、说服别人的过程中，如果想让对方感受到大家是一路的，愿意帮你实现利益最大化，找到和对方的共同点，就是简单而有效的办法。

清华大学的心理系主任彭凯平教授在其《活出心花怒放的人生》[①]中提出，我们总是喜欢那些和我们在社会文化、经济实力、地位、阶层、教育背景等方面相似的人，我们也会去找那些跟自己性格、品德、格局、思维方式、态度等相似的人。

所以，只要我们在谈判中记住这个事情，愿意去找，我们能找的因素是很多的。

首先，从肉眼所及的外表开始。如是否喜欢同一个品牌的衣服，是否喜欢同一品牌的化妆品，到是否操着同样的口音，是否有同样的爱好，是否来自同一个学校，是否认识同一个人……只要用心观察，一定能找到。若找到，悄悄地呈现出来，就会有意想不到的效果。

其次，我们要找到和对方一致的思维频道。也就是，如果我们能感觉到对方是一个很感性的人，我们就尽可能用情感相关的论点跟对

---

① 彭凯平、闫伟：《活出心花怒放的人生》，中信出版社，2020。

方谈判。如果我们觉得对方非常容易调动理性思考问题，我们就使用更多实用数据和证明去跟对方沟通。

假设我们是一个汽车销售员，我们发现来的一个客户非常在乎汽车的外观以及内饰是不是洋气好看。这个时候如果打感情牌，比如谈论这款车的气质与对方的气质是怎么搭配的，就会让我们的成交概率更高，哪怕是说“我觉得这款车很适合你”都会有帮助。但是，如果来了一个客户更关心的是动力、扭矩、保养费用、保值率等，这个时候，如果我们只会说“我觉得这款车很适合你”，恐怕对方会扭头就走。

3.3.3 如何让对方接受你——需要帮助

亲，人有帮助别人的本能，前提是你得能说出口。

谈判和说服别人并不是为了祈求对方的可怜，也不是为了获取对方的怜悯，我之前更是坚信于此。和很多人一样，我特别希望我们能平等地，甚至高人一等地拿回结果。

可是在平台做销售管理的时候，我发现很多高效的销售人员与我的观点不同。他们总是想办法让客户帮忙，而且屡试不爽。

“王总好，这个月我还有 1 万块的任务没有完成，您能不能给我一个好的促销产品，帮我突一下销量？要不就没有奖金了，还得养家糊口呢。”我听到很多销售都在这么和客户沟通，而且他们的业绩都还不错。

为什么呢？明明大家是理性的交易行为啊，凭什么要帮你呢？

凭什么要帮你呢？

答案是，人有帮助别人的本能。

哈佛大学的经济学家菲利克斯·奥伯霍尔泽·吉的一个实验很有意思。他在不同的场合，看到有人排队就过去插队，但是，不是没有素质地乱插队，而是每次向队伍请求，说自己有急事，并且每次都拿出钱来给排队的人，感谢他们让自己插队。

实验结果很有意思，同意插队的人的比例会随着所给钱的金额而变化。给得越多，同意的比例越大。从 3 美元的 65%的人同意，到 10 美元的 76%的人同意。

更有意思的是，大家只是同意，但是很少有人真的要这笔钱。

这名哈佛大学的教授后来给到了结论：金钱的数量只是说明这个要插队的人有多需要插队，给得越多，说明他的需要越迫切。

但是，人们认为自己有义务去帮助有困难的人，要钱就不对了。

所以，面对这个天性和特征，我们是选择让对方屈服或者怕我们，还是让对方觉得我们需要被帮助，从而接受我们，就是一个很有意思的事情。

当然，不能装，不能欺骗，也不能每次都用。

3.3.4 如何让对方接受你——从接受到喜欢

亲，因为喜欢一个人，所以认同他的一切。

开始关注对方，对方不反感并慢慢接受，事情就会变得容易很多，但是如果对方喜欢你，可能就会更容易。

暑假我和儿子去南京玩，打算参观博物馆。博物馆 18 点闭馆，但是 16 点之后就不再让游客入场。由于堵车，我们赶到一个博物馆的时候，已经是 16 点 5 分。入口的门已经关了，只有一个保安大叔守在出口。

“过点了，不能进了。”大叔很坚决，眼皮都懒得抬一下地看着我们。

我能看出儿子的失望，他非常喜欢逛博物馆，更何况为了来这里，已经在路上耗费了 1 个多小时。

“6点才关门，为什么过了5分钟就不能进，我保证6点参观完不就行了?”儿子在那里嘟嘟囔囔的一脸沮丧。

我怎么办?天那么热，是不是要跟他干一架?

我知道这里只有他说了算。

“儿子，过点了再进去确实没法管理，你要尊重叔叔的制度。如果都跟我们一样，叔叔怎么工作?”我站在保安大哥的旁边跟孩子说道。

趁着孩子往里面张望的机会，我跟保安大哥说道：“大哥，估计很多都想这个时间进去吧，真没法弄呢，附近还有什么别的地方可以玩玩吗?我们从外地来，挺想感受一下南京的，别给你添麻烦。”

“别的估计也好关门了。”大哥很认真地掏出手机看了看时间。

我伸手给孩子擦了擦脸上的汗，说：“大哥，你说如果我们从出口这里进去，单位估计会惩罚你们吧，我看这里还有摄像头。”

大哥：“呃，应该也不会，反正都是免费。”

“大哥，挺对不住你的，快下班了还给你添麻烦，这么管理也是对的，我们从外地过来，明天返程，能否给个机会进去一下，就到那个门口拍个照?小孩子还真冲着这个来的，我们马上出来。”

大哥往四周看了看，又拿起手机看了看，很坚定地说：“进去右转，那是入口线路，你们进去玩玩吧，但是6点之前就会清场，你们得快点。”

儿子很开心很认真地说：“谢谢叔叔。”

我看得出来保安大哥也很开心。

为什么被对方喜欢会让谈判和说服更加容易？

丹尼尔·卡尼曼在《思考，快与慢》[①]中，对于我们判断一个事情时，大脑的工作原理进行了详细的阐述。卡尼曼说，我们几乎对眼前出现的所有事物都会有直觉和想法。对一个人不是特别了解时，我们就知道自己是不是喜欢他。我们也不知道为什么会相信或者不相信一个陌生人。面对无法完全弄懂的问题，我们也总是能有答案，回答的依据是什么呢？

我们的大脑在面对一个复杂的事情时，会从中找一个简单的问题来回答，试图找一个答案的启发方式。比如，当我们想知道这个人是不是靠谱这个复杂问题的时候，我们的大脑就会快速找到一个相对简单的启发式的问题，来回答这个问题。比如，“这个人是不是看起来很面善？”只看启发式的问题，很容易回答。我们会按照启发式的答案，给我们的复杂问题答案。当然，这种答案经常是错误的。

① （美）丹尼尔·卡尼曼：《思考，快与慢》，胡晓姣，李爱民，何梦莹译.中信出版社，2012。

在这些启发式的判断方式中，有一种方式在谈判沟通中会更加明显，叫作“因为喜欢，所以认同”的情感启发式。我们对谈判对手的态度决定了对他们的感受。如果由于大脑的本能系统，对对方产生了不喜欢的态度，我们就会找各种事实去印证自己的态度是对的。“我们的理性系统，虽然负责对重要事情在本能系统做出判断后进行二次审核，但是，特别神奇的是，在面对态度问题的答案，我们理性系统却往往只是对本能系统的赞许而非批评。”丹尼尔·卡尼曼教授说。

此外，我们作为社会性的动物，我们得知道，我们是否喜欢对方的一个重要因素是对方是否表现出来希望被我们喜欢。请务必记住《社会性动物》的作者社会心理学家阿伦森的这个研究发现。大量实验验证了这一观点。尤其是那些安全感弱的人，或者不太自信的人。被别人喜欢是一个极其重要的需求。一个缺乏安全感的人几乎会接受任何人的示好，而有安全感的人通常在这一方面会比较挑剔。

所以，如果想让对方愿意跟你谈判，重要的是让他喜欢你。而让他喜欢你的关键是，我们先向对方表达出来喜欢。

那怎么让喜欢多一点呢?

帅气、美丽这些天然的因素非常重要。大部分人都会喜欢好看的东西。如果没有这些也没关系，才华和学识也是重要的被喜欢的资产。

如果这些也没有，那就需要主动做一些事情，比如放低自己，尊重对方，承认对方的权威，多多赞美。

我们来重点说说需要主动做的事情。

⑴ 承认对方的权威

谈判和说服别人的时候，很多人自认为并表现出来的是“我很厉害啊，我有很多资源，我的名头很大”，他们会认为，难道这些还不够让对方喜欢吗?

恐怕不能，虽然我们会对更有权势和财富的人，自然地尊重不少，但是这不代表着我们会认可和喜欢他们，对方也是。

谈判时我们必须要知道，在很多场合，对方是最终说了算的。比如，很简单的例子，保安就是可以决定要不要让你进去这个大门。

所以，我们需要学着从心里接受这个观点。不服气也没有办法。我们需要主动表示出来尊重和承认对方的权威，我知道这并不容易，很多人会认为这是为了一个目的卑躬屈膝，会认为这是拍马屁。而这一切与自己的价值观不符。但是，这就是我们的生活。我们生活中的沟通谈判，大部分时间并不是和在大人物谈判，很多时候，我们只是在跟我们一样的身边的人谈判，不过对方或者我们自己，很多时候要装成大人物的样子。

想想上一次在和餐厅服务员沟通是否可以给一个座位，而对方说你得等一个小时的场景，或者让银行门口的保安大爷给我们一个车位让我们停下的时候，而大爷却说不允许停车了……

想想我们自己会不会要跟他们理论一番，甚至发生争吵？而这背后我们是否尝试去尊重对方的权威了？还是我们在把自己当成人物，仅仅让对方尊重我们的权威?

恐怕，比较多的是后者。

我们过于把自己当回事了。佛说我们有了“分别心”，可以那样对别人，但是不能那样对自己。

如果是在谈判和说服上，我们有这种心态，就很难拿回结果。除非是我们第一章说的第一种谈判方式，我们可以通过实力要求别人去做。谈判领域的专家们，都在反复强调一个观点：“在谈判中，要把自己看作谈判中最无足轻重的人，重点是对方。”

所以，很多时候，我们需要尝试颠倒过来，如果谈判中想要自己的利益最大化，就要放下所谓的体面、打败别人的快感，我们需要去主动尊重和承认对方的权威，承认这里他们说了算！尤其是在和那些比我们弱小的人谈判沟通的时候。

为什么要尊重他们，尤其是那些看起来比我们弱的人呢?

大家知道马斯洛的需求层次理论，那个著名的金字塔。金字塔的底层是生理需求，然后是安全，社交，尊重，直到自我实现需求。

需求动机的金字塔，上层会对下层产生直接影响。当上层的需求被优先满足的时候，人们往往愿意放弃或者弱化底层的需求。那些不为五斗米折腰的斗士们，那些为了理想而奋斗的创业者们，包括这个保安大叔，可能他没有正式编制，收入也不高，但是他也需要被尊重。

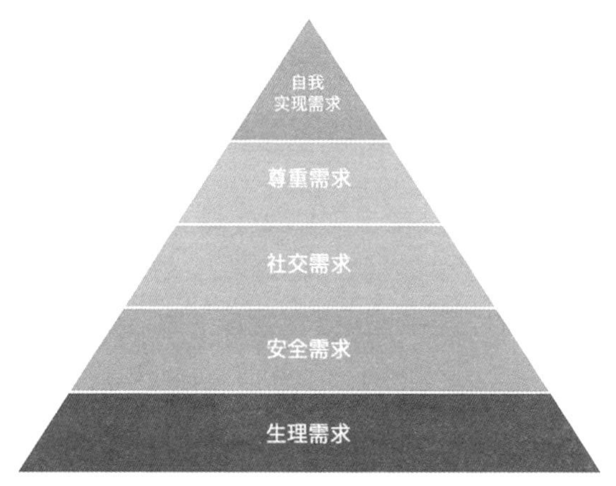

马斯洛需求层次理论

⑵ 真诚、具体地赞美，用心地去找到对方具体的、细节的、好的地方，真诚地表达出来

我们可能仅仅是萍水相逢，面对一个陌生人，我们的赞美有用吗？

陌生人的赞美有用吗？赞美多了会让人反感吗？

非常有用。

社会心理学家哈维通过研究发现，当实验者要求陌生人和朋友分别对一个人做肯定的评价时，这个人对陌生人反应比朋友更为积极。但是，如果要求陌生人和朋友对这个人做否定的评价时，这个人对朋友的反应要比陌生人更为消极。

社会心理学家阿伦森说，这些实验结果为我们展示了人类的一种暗淡的基本情况，我们似乎不停地从陌生人那里需求赞赏，而同时却承受着来自我们最亲密朋友或者爱人的伤害。

销售和谈判中，如果一个人对我们的态度从开始的冷漠逐渐变成肯定，会比这个人对我们一直热情让我们感受到更大的奖赏。相反，如果这个人开始对我们很热情，后来越来越冷漠，会让我们更加厌恶。

所以，如果你做的不是一锤子买卖，请务必小心哟。

有人说，这会不会变成谄媚？会不会变成虚伪？

不好说，但是有用。

伯克利大学的心理学教授珍妮佛·查特曼，决定对赞美的强大性进行研究。她想找到一个极限点，也就是超过这个点，花言巧语就会变成谄媚和令人不快。她花了大量的时间用于实验和调研。结果是什么？她的结论是："这个极限点可能存在，但是，在她的统计数据中找不到。"

马克·吐温说："上好的恭维，就能让我美滋滋地过上两个月。"

但是也有学者指出，并不是所有的赞美都可以让人开心。《社会性动物》的作者阿伦森父子就指出，如果我们知道对方是想从我们这里拿到利益而采用恭维或者赞美，我们不仅不会开心，反而会避之不及。

这提醒了我们。

如果我们是在谈判，对方非常清楚我们想要从他们身上获得好处，过多的僵硬的赞美可能适得其反。

但是，没有人会对别人由衷的没有利益需求的赞美反感，这是我们的本能。也是我们从原始人进化到现在，依然留在我们体内的潜意识。这是因为，在原始人的时候，赞美代表着被别人更大概率的接受和认可，而只有被部落接受和认可，在远古时期，古人们才能生存下来。

那么谈判和说服这个场景中，我们如何去进行赞美呢？

第一，开始的时候，正常的人和人之间的赞美方式，是需要刻意练习从而达到习惯的。

无论是对方的衣服好看，还是化妆漂亮，无论是声音好听还是知识渊博，只要我们愿意去发现，我们一定可以找到对方让你值得赞美的地方。那么，真诚地、具体地看着对方的眼睛说出来吧。

请注意，如果不能发现具体的、细节的，哪怕是笼统的、虚伪的，也都比没有强，这就是我们人类的特点。

不信感受一下下面三种场景，你会是什么感受。

“你今天的衣服和你的装扮再搭配你的气质，简直完美，让你看起来如此漂亮动人!”

“哇，你今天好漂亮。”

“你好。”

那种感受更好呢？是不是前两者都会让你开心一会儿，只是第一种程度更高？

第二，谈判时候的回答和沟通，遵循“问、答、赞”的原则。

什么是“问、答、赞”？国际知名的零售领域的权威《销售洗脑》的作者哈里·弗里德曼，在其作品中教给销售人员一个小技巧，当然，我觉得也完全可以用在一般的沟通和谈话中。

这个小方法特别简单。就是当我们跟对方说话时，提出一个问题，对方给我们回应之后，我们一定要先赞美一下，赞完之后我们再去问另外一个问题。

我们来看一个生活中的场景。你的夫人准备让你去陪他逛街，但是你想在家看世界杯。

“走吧，逛街去吧。”你夫人说。

“逛街？好主意，我正好想去买点东西，还想走走锻炼锻炼。”

“啥时候去?”

“现在走吧，我想现在去。”

“现在去是个好主意，正好去吃饭，能不能找个有电视的地方吃饭，我看看世界杯马上的比赛咋样?”

我们再闭上眼，想想接下来会发生的场景。

“可以啊，我找找哪里能看。”或者是：“要不你先在家看，我先去逛会，你来接我好不好?”

再看另外一个场景。

“走吧，逛街去吧。”你夫人说。

“老婆，我想看世界杯行不行?”

我们再闭上眼，想想接下来会发生的对话。

是“你看吧!”夫人生气地摔门而去，还是夫人说了一声好吧，失望地自己离开?再或者是你夫人赌气也不去了，晚饭也不做了……

那么这两种结果的关键区别是什么呢?第一种用了“问、答、赞”的方式。

我们再来看一个最常见的谈判场景——面试。

面试官说：“你还有什么问题要问我吗?”

比如，求职者问了一个问题：“您怎么看目前的竞争局面?”

面试官回答：“我认为……”

通常，求职者听到这个答案后会说：“谢谢，我没有了。”

但是有一次，当我面试一位求职者的时候，他问了我这个问题，我用心地回答了之后，这位求职者说："我听懂了，我能感觉到您非常用心，尤其是关于错位竞争的想法，对我启发很大，学习了很多，感谢您的用心回答。"

我开心了好久。

3.4 找到决策者

亲，我们确实首先要找关键人去谈。但是不管对方是不是说了算，我们都把他当成关键人。

这一节，特别短，我们只是提醒你，关注这个事情，但是它不应该是中心。

为什么不先确认谁是最后拍板的人之后，再去关注这个人，并且被他接受呢？如果真是这样，我们才变成了谄媚之徒，只对那些对你有用的人表达尊重和使用上面的办法去讨得对方的欢喜，而那些被你认为不是决策者的人，爱搭不理。

但是，日常生活工作中，谁能知道对面这个人是不是就是能帮助你达到目标的人呢？我们敢说帮我们办理入住的工作人员，门口执勤的保安大叔，不能帮我们实现目标？

如果不敢说，就先把他们当成关键决策者吧。哪怕他们不是决策者，当我们在努力地关注对方的感受和被对方接受的时候，对方也会告诉你谁会最终为其负责。

为了让你更加心甘情愿，我们需要告诉你一个事实。

研究表明：人越有权力，就会越少注意对方的需求，反之亦然。当人处于不那么成功或者有权力的时候，他们更希望被肯定并且证明自己价值。（我们会在第五章里再说一次这个观点，希望你看到那里的时候，不会吃惊。）

在这一前提下，我们如何找到真正说了算的人？

①如果是临时的沟通和谈判，先把你对面的人当成决策人，做前面两条，如果对方真的搞不定，没法答应你，坦诚地问对方，谁会为此负责，有机会再做一遍。

②如果是一个早有准备的谈判，好好地收集信息和做准备，把关键人找出来。不要忘了，谈判本身就是基于信息完备程度的达成目标的行动。

3.5 关注他的胜利

亲，你的有生之年都是从自己的角度看这个世界。你已经说服你自己了，但是你还要说服其他人。

我们必须知道，若要想拿回自己的利益，就要和对方的胜利链接在一起。

当我们通过关注对面的人的状态，利用人类的本能跟对方建立了融洽的沟通谈判氛围后，我们就需要开始关注谈判的本质——谈判让自己利益最大化。

怎么让自己的利益最大化呢？无数谈判专家都在指向一个观点，我们在拿到自己利益的之前，要想办法让对方拿到利益，也就是需要把我们的目标和对方的目标做链接。用我上面提到过的观点，就是承认你的目标优先，但是也把对方的目标纳入你思考范围之内。

如果要实现这个步骤，首先我们得想一个问题，对手是怎么看这个沟通谈判的？换句话说，对方想从这个谈判中得到什么，他们是怎么定义这个谈判的胜利的？

有没有发现，在家里跟小孩子谈判，其实不是一件容易的事情。

比如我儿子小时候被爷爷奶奶宠得不行，养成的一个习惯就是不管三冬六夏，总要吃个冰激凌。如果不买，就要赖。

我带他出去玩的时候总是这样。

“爸爸，能不能给我买个冰激凌，你看我今天是不是表现得很乖，是不是可以奖励我一个？”他的这个话术对他爷爷屡试不爽。

“你特别想吃冰激凌？”

“是的，爸爸。”说实话，看到小朋友可爱的小脸蛋上那肯定的可爱的表情，我自己也是很难拒绝的。只是大夫说小朋友脾胃虚，不能吃那么多凉的。我在想，他的胜利是什么呢？

“你喜欢吃冰激凌凉凉的感觉是不是？”

“是的爸爸，可舒服了。”

“只有这个嘛？”

“还有很甜，爸爸，我喜欢冰激凌的味道。”儿子一本正经。

“甜的和凉的感觉确实让人很喜欢，爸爸也喜欢。如果爸爸今天没有带钱，没法买冰激凌，你有什么好的办法？”

“不行，我就想吃。”

“嗯，你就要吃凉的和甜的冰激凌。”我在想，他的胜利是不是只要得到他想要的一个好吃的东西就行呢？还是必须坚持冰激凌呢？我没有再说话，只是看着他。

儿子嘟囔了一会后说：“爸爸，要不你给我买一个棒棒糖吧。”

我没有再拒绝，那天玩得还很开心。

我的目标是和他度过一个快乐的周末，并试着开始改变他想要什么就会有什么的想法。为了我自己的这个目标，我只能试着去想他想要什么？他的胜利是什么？他的胜利可能就是想要这种别人同意他的感觉，当然，凉凉的甜甜的也很重要。

关注这些，确实我更容易实现我的目标，至少是第一个。

生活中的谈判，如果我们能从对方的角度看一下他们在这个谈判中的需求，并且表示认同，我们可能更会让自己心安理得做出让步，而我们一旦让步，对于共赢型（我们在后面会详细介绍对手的类型）的对手一定就能感受得到。人心都是肉长的，何况我们上面已经说了很多遍，一旦对方接受和喜欢我们，结果就会发生怎样的变化。

当然，总有一批人，不一定想着共赢。谈判的对手也有可能是我们痛恨的人，或者是竞争性的对手，当我们试着从他们的角度去看问题，去看他们的目标和利益，我们至少也会知道他们可能会用什么样的策略。一旦做好准备，真正发现对方的策略或者伎俩的时候，也仅仅是坦然一笑而已。

在商业谈判中，这一点更加重要。当我们去看对方的胜利的时候，需要从二元的角度，一个是他的组织，一个是他这个人。

①对于对方的组织来说——更大的愿景是什么？

对方可能忘了自己的长期目标，有可能在本能和情绪的影响下，他们只是想在这个谈判中打败我们。所以我们需要适时地提醒他们，或者跟他们一起探讨，让他们想起自己胜利的标准是什么，避免只在乎这次谈判的得失。

我们还是以电影《中国合伙人》中的一个电影故事情节为例。

黄晓明、邓超、佟大为饰演的三个角色就侵权问题，来到美国和版权方进行谈判。但是谈判非常不顺利，版权方要价非常高，超出了新希望公司的预期。中间大家有愤怒，有争吵不休。佟大为饰演的角色及时地科学地打断了争吵，建议先吃饭，这当然是处理僵局的好办法（我们会在第七章详细介绍）。关键是吃完饭，他们开始提醒对方的长期目标和利益是什么。

“波诺先生，姚明正在 NBA 打球，那是因为 NBA 需要中国市场，中国也是全球最大的英语教育市场……所以无论官司的判定是什么样的，这将是我们正式合作的开始，我们希望 Ees 在中国市场实现版权合法化。”

这就是关注对方更大的愿景，通过引导对方关注更大的利润空间，眼下的问题才更有可能解决。这一点，电影中和现实中是一致的。

②对方谈判的个人来说——对我能有什么好处？

你可能会说：“奖金啊！”

很多工作很多时候，我们代表各自的公司和组织来谈判，去帮助公司和组织拿到结果。这确实是我们的工作，也是我们的本分。如果谈判成功了，我们也一定会有相应的奖金或者奖励。但是有没有想到一个问题，谈判的双方除了这个之外，还能有什么好处？毕竟我们不能因为让对方拿到奖金，就去达成谈判的一致。

那么对于这个代表组织谈判的这个人，还能有什么好处？

在谈判中感觉到赢了，自己受到了赏识。也一定是对方追求的最简单的好处。

一句简单的话："我觉得你很专业，你今天谈得太棒了，向你学习和致敬。"可能就会让对手除了自己应有的奖金和提成外，有更大的收获。

所以，千万不要忘了赞美你的谈判对手在谈判中的具体表现。

好了，还记得这句话吗？除非对方愿意听你说话，否则不可能有任何结果。

还记得 call 模型吗？我们如何去建立一个可以和对手好好谈谈的状态呢？如何搭建一座桥去走进对方的需求，从而实现自己的目标呢？

c：concern，关注对面这个人。

a：be accepted，你有被对方接受和喜欢的办法。

l：look for the key person，别忘了找到关键决策人。

l：link，链接你和对方，关注对方的胜利。

我在此提醒一下，call 不是让你去讨好对方，而是去搭一座桥走进对方的需求，满足你的利益。因为对方不认可你就不会和你好好谈谈。

3.6 嘿，你还好吗？

亲，不是所有事情都需要立即谈谈的，我们有选择自己合适的时间的权利。

上面几节，我们在说谈判中，要把自己看得无足轻重一些，把重点放在对方身上。在这一节，我们想说一下怎么看待自己的问题。

一个周末，我和几个朋友凌晨 3 点起床，坐船出海去钓一种当季的鱼类。海钓是一种很消耗体力的运动，尤其是在夏天。

而那天傍晚我还需要参加一个晚宴。于是上岸后，便匆匆忙忙换好衣服洗了把脸，驱车赶忙奔向酒店。一路着急忙慌，到了还是晚了十几分钟。

酒店大堂门口停着几辆车，刚好有个空位，便赶快开进去，刚要下车。保安过来说："先生，这里不准停车，请您前方右拐，出去转一圈，停到地下车库吧。"

我想起客人们等我的样子，这样兜一圈至少还需要 10 分钟，我相当焦虑。

"你看这不是都停在这里吗？"

"他们是在车上等客人，不下车。"我观察了一下，还真如此。

“师傅，我是过来找你们酒店的人的，我和你们总经理很熟悉，要不我给他打个电话?”我很着急，语无伦次地说道，“要不你让我先上去，他们等我很久了，我打个招呼再下来挪到地下车库。”

“不好意思，这里不准停车。”保安声调开始高了起来，可能像我这样天天冒充认识他们领导的人多了，他也很不屑。

“我就停一下，马上下来!”我突然有点火。

“这里不准停车!”保安大声地说道，借着夕阳，我能看到他黝黑的皮肤上汗水不停地流下来。

我一下子觉醒过来，很愧疚，我一个教谈判的，却在让保安开始对我大吼大叫。

我明明很懂很多道理啊，这是怎么了呢?为什么我将之前知道的知识和方法全都抛之脑后了呢?

我们说要把自己看得无足轻重一些，是一种心态和姿态，让我们更加关注对方，让我们去营造一种状态，让对方愿意听我们说话，愿意跟我们谈判，以实现利益的最大化。可是我们为什么常常做不到呢?

我们需要检查一下我们是不是自己在以下方面出了问题。

(1) 意志力的状态

有没有发现我们在和别人沟通的时候，有的时候表现好，有的时候表现就特别差，差到情绪极度不稳定，只要对方一说话，我们就很火，恨不得打一架?

不仅仅是谈判，生活中有没有发现，哪怕是领导唠叨的同一句话，有的时候我们心情平静，有的时候却火冒三丈。或者孩子吵吵闹闹，有时候觉得他们非常可爱，兴趣盎然地看着他们，而有的时候又无比烦躁，火冒三丈，冲他们大喊大叫。

发生了什么？

我们首先得知道，我们不是机器，我们的状态每时每刻都在发生变化。这个变化一个非常重要的表现，是我们对自己的控制力在发生变化。控制什么呢？控制理性，控制我们不要处于本能的状态。但是，如果我们需要让自己表现得非常克制和理性，我们需要调用我们身体的一种能力去实现。

是什么会影响我们的控制能力？

罗伊·鲍迈斯特教授在其《意志力——关于专注、自控与效率的心理学》中，系统地阐述了我们人类大脑在前扣带回区域这一机制的工作原理。在大量的实验之后，教授告诉我们，我们的意志力是会被消耗的。我们可以这样理解，如果昨天晚上睡得还不错，早上起来我们的意志力是“满满的一管血”。但是，从早上决定要穿哪件衣服开始，说服你的孩子早点起床别磨蹭，堵车路上忍住不骂那些无德的司机，到公司后开始无休止的各种“撕”和“卷”，我们意志力的“这管血”在不停减少。总有一个时刻，我们的意志力，会被一天的琐事打得所剩无几。我们就开始不能控制自己的理性，也很难控制我们的情绪。

这样，我们就明白了生活中的很多现象。比如，为什么晚上下班回家的时候，我们更容易和别人吵架。为什么晚上辅导孩子的作业更容易歇斯底里。还有著名的“踢喵星人效应”是怎么来的。

那么怎么能够让我们意志力快速恢复呢?

罗伊·鲍迈斯特的结论是：短期提升的办法，我们体内的葡萄糖含量足够高的时候，意志力就会增加。所以，最简单的补充糖分，就是让你的意志力增加、恢复理性的重要方法。谈判和沟通中，如果我们感受到自己已经变得暴躁了，来点甜品或者奶茶，确实会很有效。当然，如果想让我们的意志力持久一点，在重要谈判前的饮食上，少吃一点不那么容易快速变成糖分的碳水化合物，多吃点肉类、鱼类、蔬菜类，会更有效。

如果想长期地稳定地提升意志力，日常的训练非常重要。怎么长期训练意志力呢?

不用太复杂，找一个最简单的事情，坚持去做就好了。千万不要太多，多则惑。比如最简单的一个，坐直了。试试不要瘫坐在沙发里，找一个硬的凳子，给自己一个目标，每天提升坐直 2 分钟。你会发现，慢慢地你的意志力也在提升。

上面的故事中，我在大海漂泊的一天，把我的体能和意志力都消耗得所剩无几，最后路上的堵车，可能让仅存的意志力丧失殆尽。面对保安大哥的阻止，我开始能做的就是回到原始人的状态，哪里还能想到谈判的知识。

所以为了谈判和说服的效果，请不要把重要的谈判和沟通，放在自己可能存在意志力减弱的时间。比如已经很饿的晚饭前，集中精力开了一场大会后，或者其他非常疲劳的时候。

当然，你会突然惊讶地发现，很多人是故意在这个时候跟你谈判的。

想想那些需要谈到半夜的谈判吧，是上一次在中介安排下的租房买房？还是别的？反正，我们需要知道，当我们在没有意志力调用理性的时候，我们就更容易用本能决策。

(2)“自动驾驶”的程度

汽车领域自动驾驶的程度是从0到5级别的，0是一些变道辅助、定速巡航的基本功能，5级基本上就不需要人的任何操作了。

我们谈判沟通的时候也是一样，有的时候我们是靠自己的一些直觉和本能在辅助，但是很多时候，我们是100%跟着感觉走。

如果我们无法觉察到自己的这一点，我们就无法调整自己的谈判状态。

有一年在一个飘着雪花的冬天，我去一个北方的海滨小城出差。

等我下火车的时候，发现我们的一个客户早早地就在车站等着我了。我非常意外，我也没有告诉他怎么来，只说今天到他们城市，拜访他一下。他说，从你的城市来我们这里就两班车，这有什么可告诉的，这个不行就是那个，大冷的天，也不好打车。

客户开车直接将我接到他们公司的时候，他的总经理已经在门口等着。豪华的会议室里又是点心，又是热茶，一刻也没有让你闲着。甚至我都忘了这次来到底是干什么的，脑海中就一个想法，这公司靠谱。人实在，服务意识很强，公司也大气，会议室很豪华，实力肯定很不错。

整个销售谈判过程，我基本没有异议，这么靠谱的公司能有什么问题呢?

后来去另外一个客户那里的时候，却是另外一个场景。在大堂等了很久后，才看到负责人匆匆跑过来，说实在不好意思，刚刚在开会，刚弄完。于是我们就在大堂的沙发上聊了会，这中间连杯水都没有，草草收了场。

很正常，我选择了和第一个客户进行了更加深入的合作。只是后来这家客户的用户口碑一直上不来，他们的产品质量也一直没有太大的改善。反而我被冷落的那个客户的产品竞争力在不停提升，无论是品质还是售后服务。

后来我知道，那天我见的那个负责人是技术出身，跟人打交道是他很不擅长的。只是，那个时候公司没有别人了，作为创始人之一，他只能硬着头皮负责起来。

为什么我们经常靠着本能在进行判断?

我们必须要知道我们的大脑思考问题的方式。根据诺贝尔经济学奖获得者丹尼尔·卡尼曼的研究，我们的大脑有本能系统和理性系统两套系统。本能系统，就是不加思考的，自己就会驱动的，比如在骑自行车、走路，或者是算 1+1 等于几时，我们是不需要思考的；理性系统，是需要停下来好好思考，好好琢磨才能想明白的，比如你要算 1345×2346，这个时候你的本能系统就无法工作了，甚至是如果你正在走着路时要想知道这个答案，你就必须停下来才能算清楚。理性系统启动起来，本能系统就会关闭。

只是，理性系统是需要消耗大量能量的，本能系统却相反，我们的大脑只占我们体重的 2%，却要消耗 20%的能量。为了节约能量，我们人类进化出来能不思考就不思考的特征。

虽然现在大部分人已经不需要再为食物担心了，很多时候还富余得过分，甚至需要花很多钱去减肥。但是，人类进化的时间还短，通常一个物种需要几十万代，甚至上百万代的进化，才能去适应环境。

而我们人类的进化只有短短的几万代，相对于我们周边突飞猛进的环境变化，人类的很多进化还没有跟上，还停留在原始时代。原始时代的很多本能依然留存在我们的基因中。比如，我们在户外玩，突然发现路边有一个特别直的木棍，我们就会有捡起来的冲动。还有，比如我们看到蛇的害怕程度会比碰到飞驰的汽车的害怕程度更高，明明是飞驰的汽车更危险。这就是我们的原始本能的留存。木棍是古人出门一定要有的武器，毒蛇又是伤害古人的物种之一，这些都深深地烙在了人类的思维中，一代一代地保留下来。虽然城市里已经很少有蛇了，或者你现在出门也已经用不着木棍，但是这种本能依然存在。可能再需要几千代下去，人类看到飞驰的汽车才会尖叫起来。

我们的大脑，节约能量也是如此。

所以，很多时候我们就是靠自己的本能系统驱动。我们的本能系统为了快速决策和节约能量，通常依赖捷径和经验法则（卡尼曼和特维斯机称之为“启发式”）来决策。这自然会有很多的偏差，科学家们已经发现，我们有超过 100 种经常被使用的思考偏差。

而这些偏差经常让我们的“自动驾驶”跑偏。就比如上面例子中的我自己，其实就是被我们大脑习惯性的思考偏差带跑了，一个是锚定偏差或者第一印象，另外一个就是晕轮效应。锚定偏差（anchoring bias），是指固着于初始信息的倾向。也就是一旦设置了开始的值，人们很难充分调整后面的信息，与后面的信息比，最初的印象、观点、价格，都会被过度重视。比如布置一个任务，你问对方能完成多少，对方说："我估计能40%。"这个时候我们估计对方最多也就完成一半，但是如果，对方说90%，我们就可能会认为他能完成100%。所以，一旦被最初的信息锚定，你很难再跳出。我被第一个客户的行为所锚定，理所当然地认为他们的所有事情都是靠谱的。晕轮效应（halo effect），也就是以点概面，以偏概全。比如我看第一个客户的公司看起来很高端，我就觉得这个公司很厉害，如同看到一个女孩很漂亮，我们大概率也会觉得她是个好人。我们只会被最亮眼的那一点影响，剩下的都看不到了。

谈判中还经常有哪些偏差呢？我们会在下一章"非理性"中跟大家说清楚。

但是，在这里只需要先知道，我们谈判前需要关注自己"自动驾驶"的程度。

⑶ 何种心境

沟通和谈判并非一个机械的流程，也不是一步一步按照流程就能完成的。因为参与的双方，是我们这个自然界最复杂的东西之一——人类。

人的生活、工作并非事事如意，我们的心情自然也起伏不定。更关键的是，我们会更被这些感受影响，让我们无法专注在想做的事情上，沟通谈判的时候更是如此。当我们需要先跟内心的感受去对抗，调整到谈判需要的状态时，我们就很难胜利。

心理学家把我们的内心状态分为积极情绪和消极情绪两种。我们一生的时间，大部分是在这两种状态之间来回游走。当然，因为遗传的因素很大，有的人会大部分时间处于积极情绪中，有的人则相反。

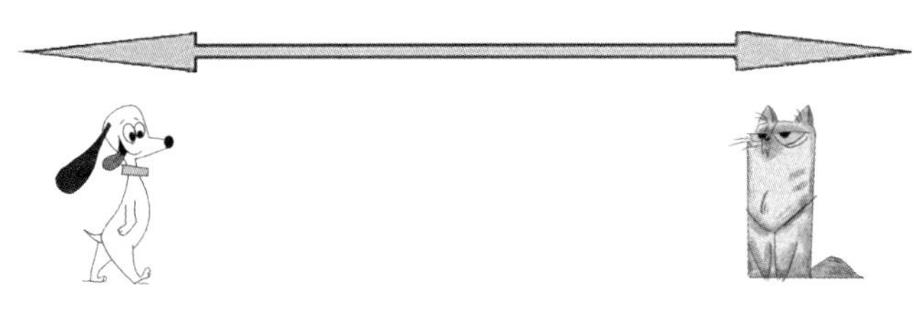

不同的情绪对我们谈判和说服有什么帮助？

积极情绪包含很多感受，积极心理学家芭芭拉·弗雷德里克森在《积极情绪的力量》中指出，积极情绪有10种形式，包括喜悦、感激、宁静、希望、兴趣、自豪、敬佩等。①

当然获得积极情绪的办法也有很多，比如运动、帮助别人、感恩，等等。

当处于积极情绪状态的时候，我们的感受是好的，内心是舒服的。谈判中，我们会觉得如鱼得水，感觉跟对方非常投机，相见恨晚。

① (加) 芭芭拉·弗雷德里克森:《积极情绪的力量》，王珺译.中国纺织出版社，2021，第41页。

实际上，科学家们发现，积极情绪确实会扩展我们的思维和视野，让我们更有创造力，更能构建好的人际关系。还有，这种感受对幸福也很有帮助。积极心理学的创始人的马丁·塞利格曼教授的《真实的幸福》《持续的幸福》《积极心理学治疗手册》等多部积极心理学的作品，都把积极情绪当成幸福的一个重要因素。塞利格曼教授提出的幸福 2.0 中，有五个因素，简称“perma”，包含积极情绪（positive emotion）、投入（engagement）、人际关系（relationship）、意义（meaning）、成就（accomplishment），其中积极情绪依然是幸福的基石。

消极情绪其实有消极情绪的价值。我们从远古的时代而来，从洪荒之地和野兽出没中走到现在，很重要的一点就是消极情绪帮了我们。正是焦虑、紧张这些情绪等，帮我们冷静并做出快速反应以应对危险，并帮我们不停寻找更好的生存空间。

虽然这并不让我们快乐。

心理学家们研究发现，消极情绪让我们思维变窄，不会像积极情绪那样让我们充满想象和创新，但是可以让我们恢复冷静，让我们在思考的时候更加理性。在谈判沟通中，也可以避免更多的让步和损失。

但是，在这里我们需要注意一种消极情绪叫作悲伤。行为科学家詹妮弗·勒纳和同事研究调查悲伤情绪，如何深刻影响大家的销售行为。他们发现，悲伤的买家可能比情绪平静的买家支付更多的钱。同样，悲伤的卖家会比情绪平静的卖家出更低的价格。

所以，当我们谈判的时候，恰好处于积极情绪中，我们应该庆幸，好好地使用它，这有利于创造性地拿回结果，也更容易与对方建立良好的关系。

但是，哪怕是一个最幸福的人，他也不会一直处于积极情绪中。按照心理学家洛萨达的研究，如果积极情绪和消极情绪能达到三比一，整个人或者组织就会处于比较健康的状态中。

沟通谈判中，如果我们没有积极情绪，而是处于消极情绪中怎么办？比如我们处于愤怒、焦虑、担心、失望、嫉妒、害羞、悲伤的感受中，这还怎么谈？

我想说，如果这些感受真的严重，它们充斥着我们的大脑，让我们坐立难安。我们就跟自己妥协，感受一下自己的状态，不要硬逼着自己，改时间再谈吧。

人生，没有什么那么着急，非得现在就必须谈的。

我们了解了这些后，就需要合理地利用。尤其是当我们面对一个重要的沟通谈判的时候，我们甚至可能需要准备一个如下的清单。请注意，这真的很难，我们刚开始一定会忘掉。但是如果慢慢养成习惯，我们一定会受益匪浅。

嘿，我还好吗？			
项目	高	中	低
当下的意志力			
当下是否在自动驾驶			
当下积极情绪程度			
当下消极情绪程度			
当下是否愤怒程度			
当下自尊水平			

只要拿出这个清单，我们拿一支笔依次打一下钩，我们的状态可能就会自动调整成相对好的样子。因为一旦开始打钩，我们大脑的理性区域就会开始行动。

3.7 关系和人情

亲，有些事情，用的时候才知道价值。

上面我们说了沟通和谈判中关注人的一系列问题，这既包括关注对手，也包括关注自己。有了这个，我们的沟通和谈判大概率会在比较顺利的轨道上进行。比如参加面试，或者你有一个需求要跟工作人员沟通让他们满足你。

但是我们发现在中国大型的谈判中，如果你全靠在现场使用以上的技能，可能你只能刚刚及格，很难达到优秀。

为什么呢?

在中国，我们发现跟别人谈点什么事，还有更简单的办法，也是第一步的事情，那就是找到关系。

中国人是讲关系的，自古就是。很多事情是万物相连，人人相连。这不是我们的落后，而是我们自古以来的生活方式带来的影响。中国社会学家费孝通先生提出，由于我们自古的文明是一个农业文明为主的社会。我们中国土地上的人，在农业社会基本上都是“聚村而居”。一片土地上，由一家人，慢慢地变成几家人，再慢慢变成一个小村庄，后来慢慢变大，变成大村庄。这种社会结构，和西方社会很不相同，中国是有机的结构，西方是机械的结构。中国的土壤上慢慢长出一家人，变成两家人，又有一家人搬迁过来，逐渐在这片土地繁衍生息，慢慢成长。大家彼此都认识，村子里的老人就是规则，大家有什么事情，找找熟悉的人，找找亲戚打个招呼，基本就能解决了。中国社会是一个差序格局社会，每个人都像被投入水中的石子，以自己为中心，自内而外慢慢形成一圈又一圈的涟漪。离自己越近的，关系就越近。而同时扔进湖面上的两块石头，哪怕位置很远，也会在某一圈形成交集，找到了交集，就找到了关系。

而西方，比如美国，他们往往是一群人，为了一个目到一个地方去，比如都去淘金。这种就是机械结构，机械结构容易形成法理社会。因为大家到一个地方谁也不认识谁，更不能听老人的，只能通过定几个规矩出来，大家一起遵守。这时候，打招呼也没有用，得按照利益和规则来。

基于这种社会结构，台湾的心理学家黄光国，把中国人的关系分成三类。除了情感性的关系，也就是家人朋友的关系，最常见的是第二类，叫作混合性关系，也就是熟人关系。你我之间会形成一个人情债，我们特别会经营人情。中国人讲究提供的人情不能说，欠的人情不能忘。如果一个人人品好，懂得感恩，会记住人情，大家就喜欢他。

人品不好的人，不懂感恩的人，很多时候，得到帮助的就少，因为从利益上来说，大家觉得他不会还。

西方人习惯讲交易，中国人习惯讲人情交换。所以只要找到关系，大家都有一个中间人在，事情就变得简单了很多，谈的时候也方便了很多。如果还有人情交换的因素在，谈判就更容易了。

所以，在中国，我们要关注人，不仅仅是关注对方，关注我们自己，我们还要关注关系。一个好的沟通谈判的标准，是满足你的利益，帮助对方解决需求，并且你们的关系得到了提升。最后一项不可忘。

面对这种局面，我们应该怎么做?

(1) 重视人情

在这里我得先承认一下我的无知和错误。因为刚开始我一直认为，人情这玩意儿是我们国家特有的东西，或者至少是非常显著的文化。直到后来我读了罗伯特·西奥迪尼的作品才知道，西方也很重视，只不过，他们称之为“互惠”。

西奥蒂尼认为，当我们自己觉得对别人有所亏欠的时候，我们就会更有可能答应对方的请求。当然，并不是每次都是这样，也不是每个人都是这样。但是，这种情况会大概率发生，行为科学家将这种倾向称作“互惠原则”。原来，不仅仅是我们中国把那些占了便宜不还的人称作人品不行。著名的考古学家理查德·李基认为，正是因为有了互惠体系，人类才是人类。我们的祖先在有债必还的信誉网里分享食物和技巧，我们才成了人。

人情和还债是我们整个人类的品质。

销售人员怎么帮助一个潜在客户解决一个个人问题，后来将其发展成忠实客户，相信很多公司都有关于这样的故事。我记得身边的房屋中介公司，就免费为居民提供打印、复印服务，我试过几次，服务还很好。这中间都是一个道理，“人情债难还”。若你去复印过打印过，同样有房屋的需求，你还好意思找别家吗?

所以，当我们要准备一个和重要客户谈一笔生意的事情，如果有办法让客户欠我们人情，在谈的时候，就容易很多。

怎么让对方欠我们人情呢?

⑵ 赠礼和恩惠

这一直是我们的习惯。在我们北方老家，空着手去别人家做客，是极度不礼貌的行为，到现在很多地方依然如此。于是，送礼变成了建立关系的敲门砖。但是，在相对发达区域，随着物质越来越丰富，法治观念越来越强，公司和组织的管理越来越严格，大家对贵重礼物的需求越来越低，甚至跟烫手的山芋一样——不想要，退不了，还得想怎么还礼。但是，那只是反腐的要求，我们不鼓励行贿，但是谈判和销售中，却不能小看这个礼物或者恩惠。

法国人类学家马塞尔·莫斯在描述人类文化围绕赠礼过程产生的社会压力时说："人有送礼的义务，接受的义务，更有偿还的义务。"为什么一个小小的礼物或者举动，往往容易刺激人们回报更大的恩惠呢? 那是因为亏欠感让人很不舒服，并且拿了人家的不还或者无动于衷时不受社会大多数人欢迎。

我们来想想最近网上特别火的品牌和城市，他们是怎么做的。一个是胖东来，一个是淄博这座城市。

胖东来，作为河南许昌一个地级市的无人能敌的超市品牌，其核心理念就是让别人好——让员工好，也让顾客好。怎么让顾客好呢? 顾客在网上发布的感人视频铺天盖地：下雨天，超市员工会给客人的电动车盖上雨衣；客人问某个物品在哪里，工作人员会直接带过去；

客人想要尝尝食品好不好吃，员工直接割下能让女生吃饱的一大块；客人不小心打碎了价格不菲的白酒，工作人员第一时间出来打扫，并且表示不需要客人赔付；客人觉得东西不好，想退货，胖东来直接安排员工上门取货，等等。

淄博这个城市成为 2023 年的“新晋网红”，本身就是一个互惠的典型案例。疫情时，在这里隔离的 1 万多名大学生被照顾得无微不至。当他们离开淄博时，淄博政府请全部同学吃了淄博烧烤，并约定春暖花开、疫情散开后，回来再吃一顿。于是 2023 年，大学生真的带着自己的同学回来吃烧烤“报恩”，更是在视频网站上迅速蹿红。流量来了以后，面对蜂拥而至的外地客人，淄博这座城市从上到下还是在继续送“礼”。一上火车的伴手礼，下车的志愿者服务，路上看到外地车就主动让道，出租车不够时普通老百姓免费开车接送，人太多排队时间长就先免费送包子，降温了外地穿得少的客人收到免费的新衣服，下雨了就免费送雨衣，等等。

面对以上这些赠礼和恩惠，胖东来的客人和来淄博吃烧烤的客人会怎么做呢？恐怕只有回报恩惠。

你看，胖东来和淄博的赠礼有什么特点？他们非常符合西奥蒂尼说的互惠的特点。

首先就是有意义。

我们给对方的礼物一定要有意义。很多公司都有定制伴手礼，有笔记本，有香薰，有u盘。确实也很精美，甚至贵重。但是有没有意义呢？我们先不做评价。但是，是不是淄博给下雨天的人送件雨衣，胖东来给停车场的自行车盖上防雨罩，更有意义呢？大家自行评判。

其次是出乎意料。

吃完饭送薄荷糖，住酒店送欢迎水果，此类的恩惠大家都看多了，也就没有什么感觉了。对于没有感觉的东西，我们人类的反应就是，这是理所应当的。

在胖东来这么大的商场买东西，称重时零头被服务员抹掉，103块的东西收100块，是出乎意料。

淄博排队买包子吃的客人先被免费“投喂”一顿，是出乎意料；在路边看到淄博当地私家车上都挂着横幅“外地人招手即停，免费服务”，是出乎意料。在人流量最大的外地游客集中区买的所有东西，价格一分没涨，所有商家的秤只多不少，没有一家宰客，是出乎意料。

第三是量身定制。

胖东来和淄博所有的这些赠礼，是针对不同的人。胖东来说，客人不找我们的时候，我们就干自己的活，当客人找我们的时候，我们就具体解决他的问题。在淄博，你穿少了，有人给你衣服，你是外地人，我就给你便宜。

赠礼除了内容有讲究外，时机当然也是极其重要的。

中国人讲究锦上添花和雪中送炭两个层面。

人总有幸福的时刻，或者想炫耀给别人看的时候。这个时候及时出现，总能满足对方被尊重和被认可的需求。我记得听华为培训的时候，有一个故事。说一个在非洲的销售人员，为了拿到一个基站的项目，和当地酋长沟通了很多次，对方总是不置可否。联系得多了，他得知这个酋长的女儿在月底出嫁，当他驱车几百公里，出现在酋长女儿结婚的现场，并且送上精美漂亮的来自中国的礼物之后，这个合作也就开始了。

还有当对方一个事情无法解决的时候，若我们能提供帮助，帮他解决，这个人情就欠下了。胖东来和淄博都做了很多这种事情。雪中送炭的人情最为深刻，对于大部分心怀感恩的人来说，更是早晚都要还的。

总结一下，只有当我们的赠礼符合有意义、出乎意料和量身定制的时候，对方同意我们或者回馈我们的概率就会更大。

那就跟胖东来和淄博客人的双向奔赴一样。一个是普通超市，一个是连 3A 景区都没有的工业城市，变成了最热的旅游景点。

这背后是“互惠”的道理。所以，当我们需要跟对方谈判的时候，你想好了在谈判之前给对方什么礼赠了吗？在这里，我必须强调一下，我们给对方的恩惠或者礼赠，一定是真心的，而不是为了套路。否则，对方早晚会感知到，并且给你贴上标签的。我们要注意，日常销售中，对方经常使用这个方法，无论是让我们尝尝还是主动给我们送茶倒水。

都是这个逻辑。但是大型谈判功夫在日常，在谈判之前。不能到现场再赠礼，大家不会接受。

⑶ 重视圈子

圈子是中国人最主要的小团体机构，也就是由一个人或者几个人形成的差序格局。这依然不同于西方的组织形态，西方更多的是“俱乐部”。俱乐部表现为一群人因为有共同的兴趣、共同的理念、共同的想法、共同的秩序而走到一起，大家都是平等的参与者，大家有自己的权利和义务，要加入这个“俱乐部”需要满足一定的要求和条件。中国的圈子不同，只要我们都认识谁，大家觉得对脾气，各行各业、各种特质的人都可以是一个圈子。

圈子是不停有新人加入的。所以就有建立新关系的概率。有了新关系，沟通谈判的事情就有概率更加容易。

所以，如果你是一个以谈判沟通、销售为生的人，多一些圈子变得尤为重要。当然，按照本能，我们会比较容易按照自己的喜好进入自己喜欢的圈子，认识和自己一样的人。这对生活幸福程度有益，对谈判和解决问题不一定有帮助，因为我们认识的还是这些和自己一样的人，领域没有拓宽，机会也不会增加。

我们通常是怎么选择自己的圈子的？

我们在社交或者进入一个圈子的时候，通常也会被本能驾驭。

首先，就是自恋原则或者叫相似原则。我们总是喜欢和自己相似的人去交往，无论是我们有共同的价值观，还是来自同一个地方，或者同一个学校，再或者是我们有共同喜欢的东西。这是我们人类的特点。

其次是就近原则。也就是我们只和挨得近的人交往，如果八竿子打不着的人，就很难去交往，或者说刚开始交往，后来分开了，交往也就越来越少了。

埃米尼亚·伊贝拉在其《能力陷阱》①中，也给出我们避免这些错误的方法。第一，我们正视工作上社交这个事情，是不是很功利的事情。可能我们会在纠结，经营人际关系或者进入各种圈子是不是在利用别人，那是一种很虚伪的事情。伊贝拉说，评价功利与否其实没有价值，我们去做，感受其中的价值就可以了。第二，逼着自己去多展示自己，要多向别人介绍，同时对陌生的饭局和会议试着建立好奇心。告诉自己，说不定会遇到好玩的人呢？再俗套一点，说不定会遇到漂

① (美) 埃米尼亚·伊贝应：《能力陷阱》，王臻译. 北京联合出版公司，2019。

亮的异性呢？

这是不是很不容易？尤其对于那些性格比较内向，也就是独处更开心的我们来说。

在我国，如果以谈判为生，这不得不干。

最后总结一下，如果你经常从事谈判的工作，在中国，正式重要的谈判和沟通之前，还有一个更重要的动作，就是经营和维护好自己的关系和圈子，这是符合我们国人思维习惯的事情。

本章回顾：

· 人是一切，谈判的时候，坐在谈判桌对面的那个人，应该是你首先要去关注的。

· 如何去建立一座桥梁，走进对方的需求，从而实现自己的目标呢？别忘了 call 的模型，这个模型包括开始关注对方，被接受，被喜欢，链接对方的利益和胜利，这四个因素。

· 关注对方之外，还需要关注自己的状态，谈判之前检查自己的意志力状况，“自动驾驶”的程度，处于何种心境，会有助于更好地拿回谈判的结果。

· 在中国，要想有一个好的谈判结果，尤其是大型的谈判，功夫也需要在平常，不要忘了人情、圈子的日常维护。很多时候，这也是最有效的办法。

第四章：非理性（unreason）

人类进化到现在，实现了太多理性的事情，比如登上了月球，探测火星。但是我们的大脑的理性却依然是有限的，尤其是面对日常工作、生活中琐碎事情沟通谈判时。正如英国著名的哲学家怀海特所说："文明的进步，就是人们在不假思索中可以做的事情越来越多。"

有人肯定会问，那为什么非得了解非理性呢？不假思索就不假思索呗，这样我还省心了。我们又不是心理学家。而第三章关于人的方面，不是已经讲了很多非理性的特点了吗？

从逻辑上来讲，第四章是第三章的延续，第四章为第三章服务。第三章讲我们怎么去关注对面这个人和我们自己，中间很多的动作确实利用了很多非理性的特征。本章我们抽丝剥茧讲讲谈判的流程和环节，看看除了让对方接受你、喜欢你之外，过程中还有哪些非理性的操作，让我们糊里糊涂地结束谈判，放弃说服别人的目的。

在这里，我很难告诉你，应该怎么对抗这些非理性，这不容易。即使知道也不一定能做到，何况，是我们人类的总体基本特征。但是知道总比糊里糊涂的好。

4.1 谈判中我们并非理性

通过沟通谈判去说服别人，对人们来说天生就是难的。哪怕我们是拿理性思考过的主意，对方会经过爬行脑会先过滤和筛选，不一定能进入理性思考。

我们放松一下，读一段《小王子》里面的片段。

我还了解到另一件重要的事，就是他老家所在的那个星球比一座房子大不了多少。

这倒并没有使我感到太奇怪。我知道除地球、木星、火星、金星这几个有名称的大行星以外，还有成百个别的星球，它们有的小得很，就是用望远镜也很难看见。当一个天文学者发现了其中一个，他就给它编上一个号码，例如把它称作“325 小行星”。

我有充分的根据认为小王子所来自的那个星球是小行星 B612。这颗小行星在 1909 年被一个土耳其天文学家用望远镜看见过一次。

当时他在一次国际天文学家代表大会上对他的发现作了重要的论证。但由于他穿着土耳其的服装，没有人相信他。那些大人们就是这样。

幸好，土耳其的一个独裁者，为了小行星B612的声誉，迫使他的人民都要穿欧式服装，否则就处以死刑。1920年，这位天文学家穿了一身非常漂亮的西装，重新作了一次论证。这一次所有的人都同意他的看法。

小王子里的天文学家穿传统衣服就没有人相信他，但是穿了西装，所有人都同意了他的看法。是不是听起来很不可思议，可这就是事实。

现实中是什么样子呢？过去很长一段时间，经济学家的经典理论都是："人是在充分地、有意识地思考和衡量各方面的相关因素后，做出对自己最有利的决定。"

但是事实真的是这样吗？

我们继续再看几个例子吧。

销售岗位面试的时候，面对一个温柔漂亮、嗓音非常好听、同时有淡淡的香水味从她的举手投足间散开的面试者，和一个看起来非常凶悍、穿着朴素的面试者，你会选择哪个？

买菜时，在菜市场门口我们看到一个戴着草帽的爷爷蹲在马路边上，摆弄着几个从蛇皮袋里刚拿出来的南瓜、丝瓜，我们会不会下意识觉得这个爷爷的菜是自己种的？会不会停下来买点？并且不会跟他再讲价格？同样，市场里面，摊主们满脸堆笑地打着招呼，问你要不要带点什么，摊位上琳琅满目的蔬菜排得整整齐齐，新鲜可人，我们会不会认为这些肯定不如外面爷爷的有机蔬菜？我们会不会让摊主给点优惠？

当我们进行一个商业活动时，对方好像爱搭不理，而且这人邋里邋遢，不修边幅，说话办事跟我们不是一个风格。所以感觉非常不顺眼，甚至觉得他贼眉鼠眼。我们会不会跟他合作？

那么我来告诉你上面这些真实案例的事实。

第一个例子中，我选了第一个。但是短短的一个月时间后，她就因为频繁迟到，包括经常和同事发生冲突而离职。其实在她的简历中，每一份工作的时间都不长，面试官只是看到了她的外表，就觉得她一定不错，很靠谱。

马路边上的爷爷其实是市场里面一个摊主的父亲，我发现他们卖的东西都是一样的，因为爷爷卖完后会过一段时间再从里面拿一些出来。当然爷爷和摊主算是很实在的人，爷爷卖的东西比里面的要便宜一点。

那次商业活动中那个邋里邋遢的人，是一个上市公司的董事长。后来拿到他的名片后，我立马觉得这人随和，没有架子，甚至感觉很是厉害。

这种例子确实很多，我们相信，沟通谈判可能不是一个靠充分理性来做决定的事情。

科学家们也不相信。比如，我们前面提了很多次的诺贝尔奖的获得者丹尼·卡尼曼，比如和霍金同著《时间简史》的物理学家列纳德·蒙洛迪诺，还有很多其他研究决策的心理学家，这些“顶流”的科学家一起通过大量的实验证明，我们大脑的决策并不是全部理性的。

我们的大脑的工作原理并不是像电脑一样，它是由一系列的平行运作和复杂的交集模块组成的。而且，很多模块根本不是在我们理性掌控的范围内，是靠本能或者潜意识在运行，比如上面我们说的这些例子。

我们大脑的非理性是怎么运作的？

我们的大脑在进化的过程中慢慢进化了三个不同的部位，它们分工不同，功能不同，有协作，但是也能独立完成工作。我们展开一下想象：假如我们的大脑是一个公司。蓝色部分的大脑皮层，是我们人类特有的部位，它们负责思考、想象、决策。在公司，这种人通常是高层，高层的特点一个是看起来很厉害，另外一个就是薪水很高。所以在我们的大脑中，它们是消耗能量极高的。而且，它们得被保护起来，不能什么事都让它们处理。那些要处理的事情，是要被工作人员（秘书）筛选过的。

第二个的部分叫边缘系统。就像公司的秘书和中层管理者，它们各司其职，有的负责情绪，有的负责记忆，有的负责感觉。它们的工作，是让整个组织充满喜怒哀乐，爱恨情仇，充满烟火气。当然，由于是中层管理者，它们也有不少的权限，比如其杏仁核这个岗位，就不需要向大脑皮层汇报，自己就能第一时间下命令，让整个“公司”立即愤怒紧张起来。而且一旦愤怒和紧张的时候，它还会把所有通往“高层”也就是大脑皮层的通信系统人工关停。这让办公室的“高层”，根本没有机会指挥局面。

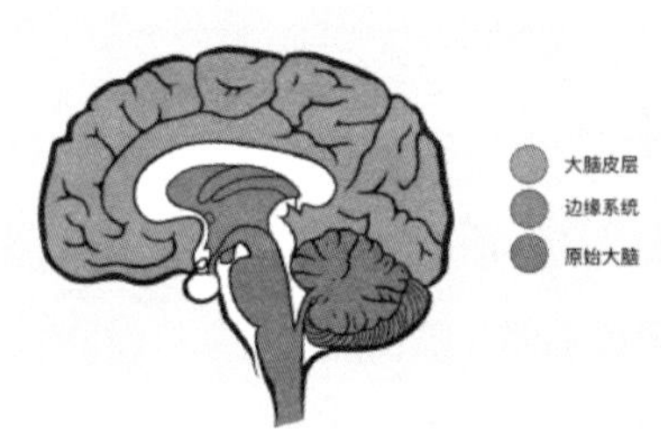

第三部分叫原始大脑，又叫作爬行脑，它是我们的本能系统的载体。它的工作就像是公司大门口的保安大哥，对所有进入大脑“工厂”的信息进行初步过滤。它好像不需要什么太多的知识和学历，但是他要承担巨大的责任，也就是确保整个系统和组织能够活下去，能够安全。它自然和“高层”不太熟，但是和一些经常见面的“中层”，比如和杏仁核关系还不错。这些“保安大哥”，还是很尽职。为了这个职责，它们的工作方式特别偏激，由于它们没有什么太多的知识，所以他们就靠经验和本能检查所有进入大脑的信息。那么，什么是他们的标准和经验呢？

① 是否对自己的生存构成直接的威胁，如果是，立即战斗或者

逃跑，否则忽略它们，不准进入。

② 是否跟食物、繁殖等相关，若不是，忽略它们，不准进入。

③ 是否很新奇、很让人兴奋，否则忽略它们，不准进入。

④ 是否自己从没见过，意料之外，否则连拿对讲机问问老板的兴趣都没有，直接忽略，不准进入。

⑤ 是否特别拗口，理解起来特别费劲，如果是，忽略它们，不准进入。

总结一下，我们这些可爱的“保安大哥”，他们为我们的安全和生存保驾护航，确保让我们能逃离危险。他们简单淳朴，知识面不宽，懂得也不多；他们很感性，经常有情绪；他们喜欢听故事，而不是抽象的概念。所以，他们也喜欢简单、清晰、新奇有趣的人。而剩下的90%的信息，都被他们拒绝了。

假如我们自己是理性的。当我们拿一个主意，去和对方沟通和谈判时，我们的主意虽然经过理性的思考，对方大脑的“保安大哥”，却让我们90%的信息都被屏蔽掉。更何况我们自己大脑的保安大哥，也是半斤八两而已。

所以，本章的重点就是从谈判的全流程，来看我们是如何表现得不理性的，我们需要怎么避免。

4.2 谈判开始之前的非理性，我们应该怎么应对？

我们客户在了解我们产品前，就做出好恶的判断了。也就是说，他们其实是在并不了解我们的产品的情况下，就做出了“成交”或者“不成交”的决定。

我们在谈一个事情时，在决定是否同意的时候，我们其实并不会进行过多的分析，甚至懒得分析，但是，我们会表现得好像经过深思熟虑的样子。当被问到，我们是怎么做出这个决定的时候，我们的答案往往是：“相信我的直觉。”

西方人也深谙此道。杰克·韦尔奇的自传，名字叫作 *Straight from the Gut*，翻译成中文叫作《全凭直觉》，当然，到了中国，书名叫作《杰克·韦尔奇自传》。

还有很多时候，当我们在进行谈判或者沟通的时候，我们会有莫名地放松或者紧张。而有的谈判，令我们跃跃欲试，特别想去谈谈；有的谈判，我们却是非常恐惧，别说好好准备了，想想就头疼，能逃避就会逃避。但是，结果往往却是你想去的谈判空手而归，而硬着头皮去的谈判却有好的结果。

4.2.1 好恶明显

我发现我不喜欢某个人，这可能仅仅是我的非理性的判断，同样，如果对方一直逃避跟我谈谈，可能是对方并不喜欢我。

有没有一种感觉，面对生活工作中的某些人多看一眼都不愿意，更何况是跟他谈谈。人们非常愿意通过喜好去决定是否要进行接下来的沟通谈判，很多时候，谈判之前好恶已分，结果也已见分晓。

熟人倒也罢，毕竟知根知底，不喜欢也就正常，但很多陌生人我们也会以同样的方式对待他。

我们为什么会那么轻易去判断是喜欢还是讨厌一个人?

一是喜欢相面。

丹尼尔·卡尼曼的同事亚历克斯·托多罗夫在关于人和陌生人的接触的安全性问题上，包括如何能快速做出判断的能力，对其生物学根源进行了探索。他认为，我们与生俱来具备判断的能力，只需要看陌生人的脸一眼，就能对这个人的两点重要事情做出判断：他有多强势(因此存在潜在的威胁性)，他有多友善。而这一切的判断标准就是看脸，也就是人人都有相面的能力。方下巴还是圆下巴，面相善还是凶，表情亲善还是高冷，都是我们这匆匆一眼扫过去的结论。

甚至丹尼尔·卡尼曼说我们的大脑中有些线路，让我们可以从脸型来推断一个人是不是有能力。

二是只看一点。

光环效应，也叫作晕轮效应，当我们被一个人或者组织的光环所笼罩时，我们就很难客观地看这个组织的全部。“见其一点，不及其余。”喜欢一个人的一点，就会觉得都很不错。与之相对的，就是恶魔效应，也就是对一个人的品质或者特性有坏的印象时，我们就会对这个人的其他特性评价偏低。

三是习惯瞎解释。

我们很难面对一个没有结论的事物。社会心理学家埃利奥特·阿伦森发现，人类与其说是理性动物，不如说是倾向为事物寻找合理解释的动物。

由于我们特别愿意总结，特别愿意找解释。而我们找解释的时候又特别容易只看到最闪耀的部分，因此，我们在谈判沟通前，就会做出特别多的错误判断。

那该怎么办呢?

首先，改变这件事情的办法，是要先知道这件事情，给自己的理性系统一些启动的机会，让自己知道，现在是靠本能系统做出的判断，事实并非表面上如此。

其次，如果有固定型思维习惯，我们可能很难做出调整。卡罗尔·德韦克指出，当我们将自己的或者对方的表现，定义为固定的、天生的、不能改变的，我们对于困难就会采用回避的方法；相反，如果我们对自己或者对方的表现，定位为成长型的，认为过程和努力是改变的重点，我们就不会惧怕失败，并且对过程充满好奇，愿意尝试。

我们的客户中有一个集团，我们叫他A公司吧。A公司和我所在公司的文化很像，考核体系也很像。为什么呢？因为创立的时候，初始员工大部分都是来自同一个文化特别鲜明的公司，尤其是销售团队。所以两个公司销售管理的风格非常相似。

什么风格呢？一切看关键绩效指标（KPI）。当两个公司都是这样，但还需要合作的时候，就很热闹了。

我发现，当旺季来时，A公司就断了跟我们的合作，转而跟另外一个平台紧密联系，因为那里价格高；当旺季过了，需要本地市场的时候，他们又会笑嘻嘻地回来，希望和我们好好合作。

你可能会说，既然如此那就不合作了。

不行，因为我们也有KPI，KPI考核得很细，要看客户的覆盖率，合作了，这个指标就高，业务人员就能多赚点。

想到他们的行为，我的不喜欢就油然而生。但是，为了考核又没有办法，只能屈从。很多时候，需要大家坐下来谈谈时，我都不想去。

后来，我开始认识到自己的这个思维模型的问题，开始改变。既然他们也是打工者，也是为了 KPI，为了生存和养家糊口，人又不是坏的，为啥不能试试好好谈谈呢?

后来在一个朋友的撮合下，我去聊了一次。我甚至有点期待这个过程，想看看我的判断是不是正确。开场依然别别扭扭，但是聊着聊着，发现其实都很不错，他们自己对此行为也是无奈，后来大家竟然惺惺相惜。彼此的配合越来越顺畅。

提醒一下，商业谈判中，如果你真的已经很不喜欢对方，甚至厌恶至极，也来不及调整，换人或许是很好的办法。因为，我们是否喜欢对方，对方能感知到。

4.2.2 放弃准备

亲，很多事情你准备了，就会发现没有那么困难了。

有一次，我们和老刘（就是那个撞了车，看到对方很漂亮啥都忘了的老刘）一起去拜访一个客户。要谈一个项目的事情，这是个大客

户，只要搞定这个项目，老刘基本上就能完成这个月的任务。

去的路上老刘兴高采烈。

“这个客户的资料都准备好了吗？还有咱们的项目方案准备好了吗？有没有备选方案？”我是有点不放心，跟唐僧一样问着。

“有啥准备的，我上次来过，再说最近我哪个项目没搞定？”老刘最近确实风头很劲，好几个月都是公司的销售冠军。

“最近点很正，放心吧！”

可是到了客户那里才发现，之前熟悉的客户临时有事外出，是他的合伙人出来谈的。老刘都不知道这个客户还有个合伙人，更不知道这个合伙人的一切。

合伙人是技术出身，从技术角度，对我们的产品和方案提出很多问题。老刘慢慢地坐直了，额头开始涔涔冒汗，衬衣后背打湿的面积也在慢慢变大。

结果，并不如老刘所愿，这个客户的项目并没有谈成，这个月老刘的绩效也很差。

谈判开始之前，我们习惯从最近的表现给自己一些暗示，让自己变得焦虑或者放松。这会让我们错过谈判尤其是商务谈判中最重要的一个环节，那就是准备。大家都知道凡事“豫则立，不豫则废”。

我们为什么很多时候过度自信呢?

人们总是高估自己从随机性事件中找到规律的能力，并会产生相关错觉。心理学家把这叫作随机性错误（randomness error）。如果将老刘最近的销售成功拉长时间线来看，可能仅仅是一个概率下的数字而已。随机性错误还有相配合的一个现象，叫作“回归均值”。也就是大家对于某一事情比如谈判，确实会有发挥好的时候，一定也会有发挥不好的时候。但是无论好还是坏，在一定的能力下，基本上是在一条均值线上波动的。统计学上，叫作回归均值。

而当人们把随机事件和某些重要的事情联系起来，比如看到什么东西，就会有好运或者不好的运气，也会给自己很多的心理暗示，人们就会刻意地去找相应的关联，很多迷信行为等等都是如此而来。

除此之外，还有一个重要的原因，那就是很多人身上会有“玫瑰色幻觉”。清华大学的彭凯平教授指出，这种人对于某种事情的认知判断、分析和认识，有一种强烈的积极、乐观甚至偏高的估计，会夸大好事发生在自己身上的概率。

当然，这种状态，会让我们减少对未来的焦虑，但是确实也有一些副作用。比较明显的就是放松对未来的警惕，并且真的不能如愿的时候，会伤害更深，不知道如何面对失败。

美国著名心理学家蒂姆·博诺，称这种现象为“满油的状态”。他上学的时候坐校车去郊游，结果半路抛锚，检查了半天，发现没有油了，可是油箱的指针确实满格，结果是指针坏了。错误的指针让大家一直认为自己的油箱是满的，可是往往跑到半路就抛锚趴窝。

如何才能让自己放下过去的表现评价，专注准备当下的谈判呢?

(1) 思维模式

我们还得再强调一遍思维模式的问题。心理学家卡罗尔·德韦克不断地指出，不同的思维模式，对同一事情的不同看法。成长型思维的人，更加关注过程和过程中的进步，谈判的成功和失败只是一个结果，不需要花很多精力去维护，更重要的事情是要放在日常的训练中。而固定型思维的人认为，谈判的能力是天赋或者很多客观的因素决定，大量的准备或者研究谈判过程的改善，对自己高水平的形象不利。

所以，谈判如果想有好的结果，训练和准备是必需的。但是，前提是先把自己的思维模式从固定型调整为成长型。

(2) 检查清单

我们在对自我的状态的关注那一节已经看到一个清单了，没错，那只是谈判前检查清单的一部分，尤其是对于重要的大型谈判，不要相信过去的发挥是好是坏，认真对照如下清单。对照清单，是对抗我们非理性的重要办法。

检查清单

	项目	高	中	低
自我状态	当下的意志力			
	当下“自动驾驶”			
	当下积极情绪			
	当下消极情绪			
	当下是否愤怒			
	当下自尊水平			
		高	中	低
对方情况了解程度	参与者的基本信息，包括但是不限于人员对谈判的态度、背景、风格、爱好等			
	之前有无谈判，若有，对方有什么问题？			
	对方谁说了算，决策流程是什么？			
	对方最近状态如何，心境如何			
	准备情况			
		完备	一般	很差
物资准备	合同			
	谈判材料			
	礼物			
	跟对方确认预约时间、地点			

4.2.3 不想再谈了

亲，从躺平到行动，每次有一点小小的改变即可。

我们被过去的失败情绪笼罩了怎么办？

建议翻到前面看看之前讲的思维模式。这个问题解决不了，我们就没有办法前进。但是这个着实不容易，失败的滋味不好受，走出来也没有那么容易。

时间可以冲淡一切，包括偶尔谈判和说服别人的失败。所以对于日常生活的谈判，我们对此感知可能不会那么深刻。但是每次都谈不成，对那些以销售谈判为生的人来说，确实是很难招架。

我们会不自然地降低自己的自我能效水平，觉得自己什么都不行，这确实能理解。而靠打鸡血、喊口号，或许能解决几分钟的问题，但是几分钟一过，那股淡淡的忧伤又会涌上心头。

怎么办呢？

我们先得警醒一下，自己是不是已经陷入“习得性无助”的状态了。

为什么很多时候，我们放弃了，觉得自己也就是这样了。

习得性无助，也就是我们俗话说的“认命了”。马丁·塞利格曼教授提出了“习得性无助”。塞利格曼教授在狗的电击实验中发现，八分之一的狗，还不等电击就放弃了反抗，有三分之一的狗，不管怎么电击都不会放弃反抗，一直在找逃出的方法，剩下的狗则在多次尝试又没有办法逃脱电击之后选择放弃，只能在那里呜呜地哭泣等待电击。后来，塞利格曼教授在随后的实验中发现，不仅仅是动物，人也是一样，有的人如果总是失败，就不再尝试，而是接受这种安排，听天由命。

如果我们处于这种状态，我们首先就从认知上知道了“总是失败”这个事情，是我们自己造成的。也许并不需要去改变什么，毕竟没有什么谈判需要非谈不可，我们也不一定非得去做销售谈判的工作。

如果真不喜欢，何必勉强自己。但是，如果还想试试，不想给自己个“就这样了”的帽子戴着，我们可以试试这么做。

①对自己的状态有觉知，知道自己是处于习得性无助状态的。这不丢人，也没有什么大不了，平静地感受一下自己的状态，有时候，仅仅是感受一下自己当下的状态，就有疗愈的功能。

②分析一下谁会对此负责，应该怎么做。我们这个时候需要问问自己，如果要改变目前这个局面，谁能对此负责呢？可能问了大一圈，结果发现只有自己。别人都不对此负责。既然是自己负责，倘若还想负责，那就只能动起来，干点什么。

③小胜利。动起来干点什么呢？就干一个事情，把谈判拆分成若干小目标，比如，我今天谈判的目标是对方答应我一个条件，只要一个；或者是目标是我能找到对方的需求，并且对方确认过；再或者是，我要加上对方微信，等等。只要完成这个目标，我就赢了。这种自我能效感的慢慢提升，是对抗习得性无助的良药。

不少行为心理学家都把慢慢的、小小的改变，作为改变行为和态度的最有效启动。我们太多的人总是希望一下子脱胎换骨，希望有武侠小说中那种让自己一下子改变的特殊时刻。实际上，这种时刻很难存在。而且过于追求这种目标的时候，由于达不到，带来的只有失望。当我们定下了一个个的小目标，同时又一个一个地实现时，我们才能感到自己的掌控感，我们体内的多巴胺、内啡肽等让我们快乐的激素才能更多地分泌，让我们感受到行动的快乐，保持行动的兴奋，最终实现个人能效的提升。

最后，提醒一下，我们不需要天天喊口号打鸡血。这种群体兴奋的状态，基本上可以等同于抗生素，维持效果的时间会越来越短。

4.2.4 不合适的谈判架构

亲，对于我们的很多所谓的错误选择，没有必要后悔，因为并不是因为我们想这样，而是人类的大脑就如此工作的。

我们先来看丹尼尔·卡尼曼的实验例子。

你愿意选哪一项?

第一个问题。

A：抛硬币决定，如果是正面，你会得到100美元，如果是背面，你就什么都得不到。

B：肯定得50美元

大部分人都会选择B，我相信你也是一样。

第二个问题。

A：抛硬币决定，如果是正面，你将损失100美元，如果是背面，你就不损失。

B：肯定会损失60美元。

大部分人会选择A。

你应该也一样。我们天然对损失是厌恶的，这种厌恶会让我们做出很多跟理性无关的举动。谈判中也是如此，如果我们以双方的利润或者利益为架构展开谈判，双方让步的可能性就会更大，而如果双方以成本为架构，双方就会较少让步。商业上，我们发现一个新的产品或者方案如果影响到现有的方案，就很难谈判，哪怕新方案更好。因为对现有的损失的担心和焦虑，远大于新的获得。

我们来看个故事。

电商平台在过去有一个非常重要的工作任务，就是让商家提升佣金。

这是一个被骂惨了的行为，但是平台的销售也没有办法，毕竟这是大家的工作。我们发现，有的销售是跟商家算总账，双方讨论如何把收入提高，为此，我方提供什么，但是你需要通过提供一些佣金，我们一起来实现这个目标；还有一些销售会和商家谈，现在经营太难了，我们需要增加佣金，才能给你更多的资源，你不增加别人也会增加，这样你的销量就更不能保证了。

从结果来看，第一种的效果明显好于第二种，而第二种让对方愤怒的概率也更大。第一种更关注确定的收入，第二种虽然也会让对方同意，但增加了对方对损失的厌恶。

我们再看一个故事。

我们有一个关系非常不错的客户突然打电话说，我们的竞争对手过去找他们谈合作，要给他们 200 万的预付款，谈成的概率很大。用客户的话说，就是基本靠谱。客户很坦诚地说，他们很需要这笔钱，毕竟现在的日子不好过。

我说："这是好事啊。"

客户说："需要停止跟你们的合作，只给他们供货。"

我帮他算了一下："我们每个月可以卖30万，我们的竞争对手每个月卖20万，你如果不做他们的独家，200万也就是4个月的事。为啥着急立即把这200万拿到手呢，万一未来他们增加你们佣金费用，或者控制你呢?"

客户回去琢磨了一晚上，第二天告诉我："对不起了，我想要这200万，并且暂停跟我们的合作。"局面不明确的时候，先把确定的利益拿到是第一步。

下面是第三个例子。

2022年的双十一虽然没有往年的繁华，但是各个平台依然使尽浑身解数。某在线平台最明显的是变成了"茅台日"。规则很明显，每个固定的时间，比如18点、20点等时点，都可以半价抢到茅台。

条件是，你需要花费88元成为该平台的vip。

有多少人抽到呢？我想一定是固定的数量。朋友兴致勃勃成了会员，设置了闹钟，等待开抢。

我问他结果如何。朋友说："根本抢不到，'秒光'。"

同样，我发现之前很多时候去商场买东西，结完账的时候，工作人员会通知你可以凭借发票去参加抽奖，每次抽到后，还需要加一点钱，就能买到平时更贵的东西，比如一大卷卫生纸。我爱人和我父母每次都会为此花钱，因为他们觉得这是他们好不容易获得的机会，怎么能放弃？

我们在面临不同局面时候，是怎么做出选择的？

诺贝尔奖获得者丹尼尔·卡尼曼教授的“前景理论”可以帮助我们理解在沟通谈判的时候的选择。他解释了我们在做决策时有限理性的状况，并且提出了四重模式模型。

	所得	损失
较大可能性 确定性效应	95%的概率赢得 10000 美金 害怕失败 风险规避 接受自己不喜欢的解决方式	95%的概率损失 10000 美金 希望能够避免损失 开始冒险 拒绝自己喜欢的解决方式
较小可能性 确定性效应	5%的概率赢得 10000 美金 希望能够更多所得 冒险 拒绝自己喜欢的解决方式	5%的概率损失 10000 美金 害怕有更大的损失 风险规避 接受自己不喜欢的解决方式

四重模式模型

卡尼曼说，模型左上角，是当人们觉得未来获得一大笔收益的概率很大时，会选择回避风险，确保肯定拿到，也解释了我的那个客户为什么会放弃跟我们的合作。

模型左下角的可能性效应，解释了人们为什么去买彩票和股票。忽视赢的概率很小，但是，没有彩票就不能赢，有彩票就有机会，概率小不小并不重要。这也解决了为什么要在双十一抢茅台。

模型右下角，解释了人们为什么买保险，人们愿意买个保障，消除忧虑，买个心里踏实。

模型右上角，是当人们在面临的抉择比较糟糕时，会孤注一掷，尽管希望渺茫，但是也宁可选择让事情变得更糟糕的可能性，去换取避免损失的希望。这种做法，通常会使可控的失误变成灾难。或许背水一战的心理，大部分都符合这个区域的状态。失败总是难以让人接受，所以失败一方一定会做挣扎。于是及时止损变成非常困难的一件事。

怎么解决这个框架问题呢？

既然我们知道了这些思维和决策的本能，如果想避免这些问题，谈判的时候，我们试试能不能利用这些框架？如果我们发现对手在利用这些本能的框架，我们是不是可以逼着自己反过来？

这不代表我们能抗拒本能，逃出大脑的习惯。只是谈判的时候为了利益的最大化，尝试下对抗，输了也不会有更大的损失。

比如，我们开了个店，需要跟电商平台合作。我们会发现面临两个选择：一是现在跟他们合作，佣金 15%；二是跟他们做独家合作，跟其他平台不合作，佣金只有 12%，他们还提供更多的特有的支持，销量会增加，总收益也会增加。

这是大平台经常用的谈判框架。第一种选择，商家是 100%付出更多，也就是要有更多的损失。第二种选择，商家选择独家后，整体销量可能会增加，也有可能因为放弃另外一个平台，整体销量没有增加。如果这个平台足够大，商家经常会选二。

这个时候，如果你脑海中想到了上面说的内容，考虑长期利益，便会选择第一种，否则就非常容易按照本能选择第二种。

总结下来。我们在沟通谈判开始之始所做的决定和目标，选择的谈判框架，很多时候并不是基于理性的判断，而是基于我们的心理本能。我们必须知晓它们，或者利用它们，对抗它们。

4.3 谈判过程中的非理性，以及如何应对？

4.3.1 愤怒突然就来

亲，愤怒是说服和谈判的第一杀手。

我们先来看网剧《狂飙》开头的一个片段。性格沉稳的高启强为了自己的鱼档能够继续经营，春节给管理人员小龙兄弟去送礼，准备谈谈来年档口的问题。在此之前，还花了好大的价钱给小龙兄弟送了一台等离子电视。

结果，到了之后发现自己的礼可能是白送了，小龙、小虎两兄弟仗势欺人，根本对那时的高启强爱搭不理，不屑一顾。加上高启强比较憨厚老实，让这场谈判，实质上变成了哀求。结果，当被逐客并且看到小虎将他送的电视推到地上的那一刻，高启强就立即忘却了此行的目标，也忘了自己是一个人，对手是一屋子人，冲进去就打了起来。

剧情就这么展开了。影视作品虽然有夸张，但是基本上也离不开生活。

心理学家说："生气的背后是无能为力，如果我们对一件事情非常有把握能掌控得住，我们就不会生气。"

愤怒的结果是，要么吵起来，要么选择放弃不谈了。也就是，要么打，要么逃。

这一节的内容你可能会觉得似曾相识，没错，我们在讲关注对方人的那一章，已经提到过。但是，由于此事非常关键，我们需要在这里再讲一遍。

谈判和说服是沟通的一种。而我们都知道，沟通最常见的天敌就是情绪，以至于很多企业通常针对销售部门的员工，开设一门叫作“情绪管理”的课程。实际上这里的情绪仅仅是指生气、愤怒、不爽等负面情绪。

那我们也就先重点把谈判这种非理性的情绪感受说清楚。毕竟这往往是我们放弃谈判、开始对抗的常见诱因。

你可能会说，高启强那是演戏，夸张得很，现实中控制好脾气，冷静一下不就行了？

我想说，从生理机制上说，恐怕你做不到。

我们为什么控制不了情绪？

第一章中我们初步了解了大脑工作的一些基本原理特点。当你突然生气的时候，你接下来的动作完全是可以绕开你理性的系统的。

我们就是这么被设计的。你做不到立刻冷静。

别忘了还有进化给我们的习惯。我们人类天生对危险和威胁更加敏感，只有这样才能让我们更好地活下去。当遇到威胁的时候，愤怒成为一种重要的情绪表达，维护自己的生命安全和交配权。

到现在依然如此。谈判中，如果我们觉得对方不敬和挑衅，给我们造成了威胁，愤怒就会瞬间爆发。身体会大量地释放肾上腺素，肌肉紧绷，心率和心跳都会增强，身体的力量会变得强大起来，为接下来的争斗做好准备。我们上面也说了，这个时候，理性区域会被绕开或者屏蔽，本能开始接管身体。

还是以《狂飙》里的一场谈判为例。高启强带着人去与莽村的村支书和其儿子就工程问题谈判，目标是为了拿回莽村的项目。席间，面对村支书的苛刻条件及其儿子李宏伟的粗鲁打断、挑衅，原本的谈判就变成了剑拔弩张的战场。这个时候的高启强虽然已经变得更加老谋深算，努力地克制自己的情绪，但到最后也完全被愤怒控制，依然说出了全网流行的台词："告诉老莫，我想吃鱼了。"

虽然这让他在犯罪的道路上越走越远，给他带来更大的麻烦。但是，当我们看到电视剧里这个场景镜头的时候，如果我们自己就是当事人，想想，我们会不会跟高启强一样？我们能控制好自己的愤怒吗？

4.3.2 应对愤怒

亲，不处理好情绪之前，不谈任何事情。

第一，觉察。

跟所有情绪的管理一样，愤怒需要被觉察。但是我们必须得知道，当我们已经开始愤怒，在被觉察的时候，就已经晚了。因为愤怒是一种高唤醒的情绪，我们的身心状态会发生很强烈的变化，这是人类进化的机制，保证我们面对困难和威胁能够存活下来。不愤怒不是一定是好事，但是，谈判和说服却需要控制，因为我们既然坐下来好好谈谈，就不是为了打架的，而是要通过谈判来实现利益的最大化。

我们在谈判中的愤怒和发火并不是突然迸发的，可能经历了如下不同的阶段。如若我们能在前几个阶段就察觉到自己的愤怒，才会有更多机会去进行控制。美国心理协会推荐过 6 种觉察愤怒的方法，已经被很多的心理学家认可。我们来看一下其中的几种，思考如何在谈判中觉察自己的愤怒。

①反应阶段：我们在进行谈判的时候，可能会有这种感受，我开始对对方进行冷嘲热讽时，这种感觉没有那么强烈，有时候很难感受到。但是，如果平时我们比较友善、随和，当我们在谈判中发现自己的这个行为的时候，就需要高度注意了，这个时候往往是开始被激怒或者厌烦了，但是我们没有爆发，采用了向内的表达方式。

②反击阶段：也就是沟通谈判中，我们直接明目张胆地顶撞对方了。尤其是我们平时其实很温和友善，这种阶段已经很明确地说明我们已经对于对方对自己的界限或者权利侵害的不满，并且已经开始压抑不住怒火了。到这个阶段，如果我们能觉察到，并且及时调整和修复，谈判还可以朝着既定的目标前进。

③责备阶段：不仅仅是顶撞对方，我们开始公开地责备对方，说

对方的不是，甚至开始抨击对方的人品。这个时候我们的愤怒已经积累到比较危险的阶段了。

④爆发阶段：也就是高启强狠狠地对小虎说“告诉老莫，我想吃鱼了”的阶段。这个阶段愤怒已经开始发作，我们大脑被边缘系统接管，我们身体被交感神经控制。到这个阶段，还能觉察到愤怒，其实是一个很高的要求。除非是经过大量的修炼，否则很难实现了。

建议如下。

①如果能够在谈判的反应和反击阶段察觉自己的愤怒，这个时候会更容易管理，请务必注意这两个阶段。

②觉察愤怒最好的办法是被提醒，如果有同事朋友的现场提醒最好。如果是自己参加谈判，把“我是否愤怒了”这句话写在一个能让自己看到的地方，无论是手机的屏保还是本子的扉页，再或者是通过佩戴设备（通常它们都有心率过高的提醒），提醒自己。

第二：处理自己。

①因人而异：我们必须得承认，每个人被激怒的水平是不一样的。有的人特别容易愤怒，有的人却相对比较平和。这跟每个人因遗传导致的气质特征有关，也跟生活环境和工作环境对性格的影响有很大的关系。谈判之前，我们需要对自己有所评估。如果我们是特别易怒的人，面对重要的谈判，我们需要一个第三方提醒我们。

②重新认知：处理自己情绪的事情，最好的办法之一就是改变自

己对这个事情的认知。心理学上有一种认知行为疗法，就是通过调整自己对一件事的认知，来改变相应的动作。其中比较出名和常用的，是“认知ABC”理论。

什么是“认知ABC”理论?

在认知ABC理论中，埃利斯深入阐述了认知与情绪及行为反应之间的相互关系。通常人们会认为，人的情绪和行为反应C（consequence）是直接由诱发事件A（activating event）引起的，即A引起了C。认知ABC理论则指出，诱发事件A只是引起情绪及行为反应的间接原因，人们对诱发事件所持的信念、看法、解释B（belief）才是引起人的情绪及行为反应的直接原因。即“人非为事物所扰，乃为其观而自扰之”。

美国著名的心理学家费斯汀格提出一个法则，生活中的10%是由发生的事情决定，而另外的90%则是由大家对所发生的事情如何反应所决定。中国人说的“世上本无事，庸人自扰之”也是这个意思。

谈判中，我们非常容易认为对方是故意激怒我们，针对我们，或者这个人人品素质不行，如果我们是这样的认知，我们大概率就会愤怒。但是，如果我们调整一下，想想如下的问题，我们会不会好一些?

·他是不是一个神经质的人？或者很难相处的人，平时对谁都这样？由于他的这种行为是不是连个朋友都有没有？

·他是不是刚刚在家里或者工作中受到了别人的指责？

·他是不是想故意激怒我，让我失去理性？

③给自己 3 分钟：深呼吸。

如果重新认知后发现还是不行，无法遏制自己的怒火。这个时候需要强制给自己一个要求，深呼吸 3 次，然后拿出手表，看着时间，3 分钟以后再发怒。因为，3 分钟后再去看这件事，可能看法就不一样了。时间是疗愈一切的心理安慰剂。对行为，当下的判断和过一会以后的判断，结论就会有巨大的差别。同时，深呼吸可以让我们副交感系统启动工作，让我们慢慢冷静下来。

④延缓谈判。

3 分钟后，如果我们发现还是不行，依然愤怒。我的建议是告诉对方，先停一下。比如吃点东西，休息一下，或者是现在有点急事，能不能改天再谈。

请注意，不要在愤怒的时候做决定，是谈判的底线。

第三：对方愤怒了怎么办？

对方并不一定都是温文尔雅，不一定懂这些谈判的逻辑，他们也非常容易先愤怒起来。

我们在第三章说过，最简单并且屡试不爽的办法，我们这个时候需要标注对方的情绪，并对此表示理解。《掌控谈话》的作者指出，标注是一种通过认知和评估他人感情，并且用自己的话把对方感受描述出来的方法。

“看起来似乎你有点愤怒。”“你看起来很不爽，先生。”就这么简单。道理在前文已经讲过，这里不再赘述。

4.3.3 道歉与拔刺

亲，人生其实是有捷径的，那就是会道歉。

---

(1) 道歉

很多时候，我们非常明确地知道对方的愤怒或者生气跟我们自己一点关系都没有，只是对方比较易怒或者敏感而已。所以，对方生气就生呗。

只是我们别忘了，我们是在谈判，不是在打架。而谈判的目标是从对方那里获取最大利益，而不是同他生气。《活好》的作者金惟纯先生说，如果人生想要活好，是有个捷径的，那就是我们能够认错，发起惭愧心。

尤其是在对方已经很愤怒的情况下，处理好情绪，道歉也是搞定谈判的捷径。可是很多人不愿意道歉也不会道歉，我刚开始也是如此。“凭什么我道歉，这又不是我的错！”是我那个时候经常挂在嘴边的话。

刚工作的时候，有一段时间所在的公司并不是行业最大的公司，处于第三四位的样子。而老大老二的企业对于供应链往往又是控制的，不允许供应商跟别的公司合作。于是，在这期间去跟客户销售谈判的时候，客户经常给的答案就是，跟你合作了老大就会惩罚我们，我们的销量就会受到很大的影响。当然，客户也知道，鸡蛋不能放在一个篮子里。所以，有些时候，客户也会给点机会。

但是，那个时候经常在得到这个机会的几天后就要面对一场谈判。

“你们必须下线我们的产品。××公司已经发现了，你们做事太不小心了，怎么能让他们发现呢？”

“我们的销量还不错啊，您看我们都快赶上他们了，再说大家都是做生意，为啥这么怕他们呢？”

“不要说这么多，你们先下线！”客户很激动。

我也很生气，凭什么啊，我们为了这个合作付出了这么多。这个时候怎么办？好不容易开始有的机会。可能只有一个办法，先道歉。

怎么道歉呢？只是赶快说“对不起对不起，都是我们的错”吗？那只是第一步，而且这种毫无诚意的大包大揽，对方可以非常容易地感受到我们的不真诚。当然，不真诚的道歉也比没有强，只是效果不佳。

那么如何进行真诚有效地道歉呢?

首先，真诚地说出三个字:“对不起”。当下，“对不起”这三个字好像已经被“不好意思”取代。我个人认为，“不好意思”虽然也是表示道歉，但是其发自肺腑的真诚度远弱于“对不起”。

第二步，说出来我们做了一个什么样的事情，导致对方产生了什么感受，并且承担责任。比如上面那个客户，我需要认真地说:“因为我们产品没有足够完善，非常轻易地让××公司找你们的麻烦，并且让你非常生气。这是我们的责任。”

第三步，要对原因进行深刻的剖析。我应该告诉客户，自己确实没有那么关注对方反复强调不能被××公司发现的要求，觉得无所谓，是我自己不重视别人的感受的这个动作导致。在这里，是要找自己的问题，而不是别人的问题，不是他们太重视××公司了，太胆小了，这是人家的权利。

第四步，带有诚意地给一个方案，弥补这件事情。

只有这样，我们才有可能坐下来，重新研究方案，对方才能重新给你机会，让合作继续。

⑵ 拔刺

上面的例子，我们感受到对方为什么而生气，如果我直接在客户一生气时就跟客户说:“我知道您费了那么大的劲，给我这个机会，结果我们搞砸了。让××找您麻烦了，这是我们的愚蠢。”这个时候客户会怎么做呢？

4.3.4 看对方不顺眼

亲，我们的判断，不是这个世界运行的准则。

我们先来看一个故事。

面试是最常见的一种谈判形式之一，对很多人来说也是一种比较重要的谈判和说服别人的场景。既然重要，按理说都很理性。可事实却并非如此。

现在很多公司对年纪大的员工是非常不友好的。当员工的年龄慢慢变大，成本越来越高的时候，他们通常就会考虑降低成本了。而很多对于大厂的报道又造成了很多人对这件事的焦虑。

我也经历过一次。当时，这个公司的做法比较高级，叫作换岗。也就是我们一批“老”干部们要自己找新部门聊聊，看看有没有岗位适合自己，要不要自己，如果有人要就继续干，不要就“离开”。

那一年，我成了换岗的对象。虽然，我本身其实还是很希望到别的部门去看一看的。而别的同事说：“这就是个形式，你太天真了。”

第一次面试约在另外一个城市的一个周一的上午 11 点，我 9 点多早班机刚落地，对方 HR 给我发微信说时间需要改成后天，因为这个部门的头有点事情，需要临时出去一趟。可能是早上 4 点多就起床赶飞机的原因吧，我有点生气，回复对方："我刚落地，本来计划第二天回去，改签需要费用，再说后天还得多住一晚，会不会给公司造成浪费?"

对方说我安排一下吧。1 个小时后告诉我，时间改成 16:00。

我见到这个领导的时间却已经是 19 点多了。她很年轻而且瘦瘦的，她抹抹嘴跟我说："介绍下自己吧。"

这就是谈判的开始，大家能想象到我当时的心情是什么样子吗?大家觉得我会不会理性?

我一个教谈判的，没做到理性。但我觉察到我的情绪出了问题，开始愤怒。

后来我发现，这个领导是公司成立的时候就在的，从一线摸爬滚打起来的，工作思路纯洁到只有这个公司的方法，不管对错，都可以用该公司的口号和方法论接上。对员工的态度是，认为你就是个零件而已，所以她一会儿接个电话，一会儿回个微信。

我问她："您是不是有点累了，也能感受到您很忙，这个时候，还面试我，挺不容易的，确实受累了。"

她把手机放了回去，开始很认真地跟我探讨一些问题。

只是，我已经开始觉得，他们是在耍我吗。我不喜欢这种风格和文化。所以我开始证明对方很不靠谱，一问一答间，已经开始对抗，只想草草走完流程。所以哪怕到最后，对方说我可以来试试这里的岗位，我也拒绝了。

“我跟一个不尊重我的人，有什么好谈的。”我告诉自己。

后来，跟我一起参加换岗的同事有好几个都去了这个部门，发展也非常不错。而且他们告诉我，这个领导其实非常好，只是太忙了。

发生了什么问题？

比如跟我上面的经历一样越看对方越傻，可能仅仅是因为思维上有基本认知的偏差，自己不知道而已。

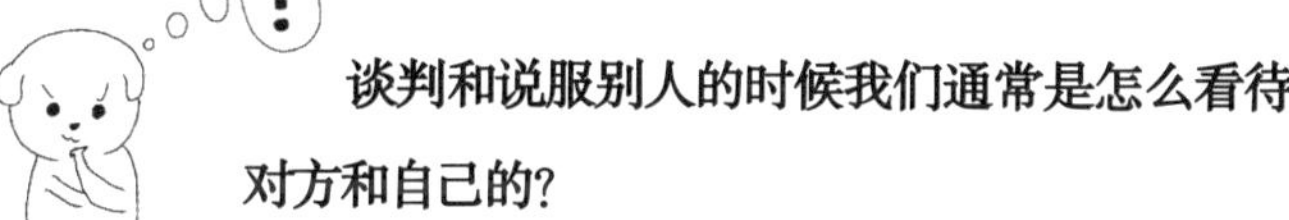

谈判和说服别人的时候我们通常是怎么看待对方和自己的？

归因理论创始者费里茨·海德认为，人们解释他人的不好行为的时候，总是低估环境，高估人格特质。好的行为却相反。比如，我看到面试我的领导迟到，面试中打电话看手机，我就会很自然地认为对方的人品和素质有问题，甚至，她的部门和整个公司都有问题；至于他们部门业绩还不错，一直招人，无非就是市场环境好，大家消费习惯慢慢兴起而已。

自利性偏差，与上面对应，解释自己行为的时候，成功总是来自内部原因，失败总是外部原因。比如，当我自己看手机的时候，我会认为自己真的有点急事，或者这个事情肯定很重要，可以理解。自己市场做得好的时候，我肯定会认为是自己的策略正确。

活动者观察者偏差，当我们作为参与者的时候，我们会将自己搞不定的事情，归因于外在原因；而当我们作为观察者看别人的时候，我们又会把别人搞不定的事情归因成其能力不行。

这种思维的偏差，会让我们在谈判中丧失理智，越走越偏，也忘却自己开始的目标，陷入无休止的不服和对抗中。

当然，谈判开始之前的光环效应在谈判和沟通开始后会继续工作。（我们在谈判之前的非理性的那一节中，已经讲过这个概念。）光环效应这个偏见，在我们塑造对人与环境看法的时候起着极大的作用。喜欢一个人，就会喜欢他的一切，反之亦然。因为喜欢，所以信任。

想想谈判过程中你的两个对手，哪个会让你更愿意好好谈谈？

张三：非常挑剔，不苟言笑，总是打击你也没有礼貌，非常勤奋，精通经营。

李四：非常亲和，很有礼貌，总是点头认可你，不善双方利益最大化，没有担当。

这是模仿所罗门·阿希的一个心理学实验。如果你和我们一样，认为张三更不好谈的话，一点都不奇怪。前几条列出的性格特征会改变我们对后面出现的特质的理解，一个不苟言笑的，又挑剔的人，可能往往就是那种勤奋的只会挣钱的人。而一个友善的人，如果没有担当一些，可能也能理解。我们对对手的判断受到了光环效应的判断顺序的影响，也就是说光环效应重视第一印象。

这是人人都有的问题，要解决这个问题并不容易，我们的祖先很久之前探索的诸如“己所不欲，勿施于人”等修身道理，也都是在解决此类问题。但是，我想说，这并不容易。当不容易放，谈判的时候就要先知晓并提醒自己不要“明知故犯”。

4.3.5 自己真的是“大聪明”吗？

随着谈判过程的进行，双方不同的观点也会不停地碰撞。当然，前提是你还愿意跟对方好好谈谈。这个时候我们就会发现一个问题，我们要么很难接受对方的观点，要么就觉得对方说得很有道理。几乎没有中间地带，让我琢磨琢磨他说的有没有道理。

而对于自己的观点，我们总是深信不疑，并且会找各种证据去证明自己肯定是对的，我们似乎也很难改变自己的观点。谈判中这些行为的出现，一点都不奇怪。这也是我们非理性的重要表现。

那么我们是怎么得出这些结论的呢？

这些结论很多时候依然是我们的本能系统做出的，也就是丹尼尔·卡尼曼说的系统一，我们的理性系统很多时候也仅仅是作为本能系统的拥护者而不是批判者，去支持这些本能得出的结论。

这个过程中，最常见的就是启发式的思考方式。我们的大脑在回答一个复杂问题的时候，往往喜欢找一个简单的问题来替代。

在谈判中，明明我们是为了搞清楚如下问题的，我们的大脑却偷偷地给我们更换了问题，并且给我们一个让我们深信不疑的答案。

比如在面对和公司的裁员谈判中：我们对公司给我们的少得可怜的解决方案满意吗？这合理吗？

我们大脑的启发式问题是："别人是不是也是这样的方案？是不是一样的？"

比如在和孩子就要不要买一个价格不菲的玩具的谈判中：孩子需要这个玩具吗？对他有什么好处或者坏处吗？

我们大脑选择的启发式问题是："他刚刚考了 100 分。"

商业谈判中：对方的这个产品可靠吗？有保障吗？

我们大脑选择的启发式问题是："对方看起来值得信赖吗？对方公司看起来有实力吗？"

以上例子不一而足，我们觉得我们有道理，或者对方没有道理，其实都不一定有道理。通常谈判中，我们会有如下启发式的思考方式，这些会左右我们对对方和对自己的观点的判断。

我们在谈判说服的过程中，通常是怎么跑偏的？

·证实偏差（confirmation bias）：我们在思考和决策的时候，总是找那些有利于自己的观点的证据，而忽视或屏蔽不利的证据，因为我们总是喜欢自己想听到和想看到的。想想谈判中你有没有为了证明自己是对的，千方百计地去找证据，然后只把一切对你有利的证据展示出来？同时，我们也想办法只去找对方不对观点的证据，然后呈现出来。

·过度自信（over confidence）和达克效应：这个偏差是上面证实偏差的一个常态展现，组织中能力比较差的人往往会高估自己的成绩和能力。90%的司机都认为自己的驾驶水平比别的司机高。我们同样也会认为我们见的世面肯定比对方多。当然，当我们知识比较全面，过度自信的可能性会降低。而我们越无知，对自己就会越自信。这就是著名的达克效应。

·易得性偏差（availability bias）和典型性偏差（representative bias）：我们会根据一些典型信息或者事件，做出判断和决策。我们看到对方穿得邋里邋遢，就会认为对方不靠谱，我们看到对方很漂亮，就会觉得产品也很棒。我们看一个人的表现，非常容易根据这个人最近的表现，而不是半年以前的表现来判断。典型性偏差，是指根据当前刺激或者事件，与已有范畴或者概念的相似程度，来判断和决策。比如我们看到我们新同事比较内向不大说话，我们会认为他是理科生，而理科生肯定都会修电脑。

·锚定偏差（anchoring bias）：是指把固着于初始信息的倾向。也就是一旦设置了开始的值，人们很难充分调整后面的信息。与后面的信息比，最初的印象、观点、价格都会被过度重视。谈判的时候，100块的产品，我们问能否便宜的时候，如果对方回答，可以打98折，我们会认为最多打九折。同样，对方痛快的回答8折，我们可能会认为5折的价格应该是成交的价格。

谈判和沟通中我们的大脑也在飞快地运转着，我们在进行着多种复杂的运算，甚至有些时候我们为了让运算更加准确，会把本子和笔拿出来，以保证我们对信息的处理是准确的。

如果谈判过程中，我们的本能系统判断一切可控，我们基本上就不会启动理性系统，不会进行思考，靠本能做主就够了。而是否要启动理性系统，有一个控制阀门叫作认知放松度。丹尼尔·卡尼曼说，认知放松度是介于放松和紧张之间的，放松是事情进展顺利的标志——没有障碍、没有新情况、一切在我们的掌握之中。紧张是说明遇到了某种问题。比如对手很难缠，对方出言不逊，我们就会陷入紧张的状态。

放松的时候我们相信直觉，相信自己的眼见耳闻，可以有更多的创造力，但是想法也相对的随意、肤浅。而紧张的时候我们会多疑和警惕。我们会投入更多的精力，感觉会局促，但是少犯错误，我们的直觉和创造水平会下降。

当我们觉得自己是“大聪明”的时候，我们就要警醒自己是不是只是处于认知放松的状态了。如果是为了谈判利益的最大化，对方处于放松我们是希望的。相反，我们可能无法实现目标。

本章回顾：

· 谈判不是一个理性的过程，我们不理性，对方也是。如何利用和使用非理性，是谈判的利益最大化目标的关键。

· 谈判开始之前的非理性如果不注意，会让我们错失机会，我们需要避免和利用直觉的好恶，充分准备，选择合适的谈判框架。

· 谈判中我们需要避免被情绪控制，避免被偏差控制，避免认知放松。当然，如果对方这么做了，我们就更有机会。

第五章：气场（power）与控制

气场对沟通谈判重要吗？

这是个好问题。

我们想想，为什么我们去跟位高权重的人谈的时候，会变得非常不自信，很多想谈的事情也说不清楚，甚至都记不得了。想想自己面试已经通过了前几关，来到这个公司能给你面试的最高职位的这个人面前时自己的状态吧。有没有感觉到，自己的实力被碾压，很多已经准备好的东西也都忘得一干二净？

所以你看，如果我们不去刻意调节自己在“喵星人”和“汪星人”中间的程度，让自己调节气场、掌控局面，我们要么就不是在谈判，而是在乞求，要么就是无法发挥自己的能力，让对方牵着鼻子走。

5.1 不是所有的谈判都需要控场

亲，我们不是需要在任何时候都要控制局面的。

我们工作生活中的谈判大部分处于零和博弈、非零和博弈交替的状态中。双方都是平等的，谁也不欠谁，谁也离得开谁。

结合大量的心理学家的研究和一线工作感受，我把我们生活和工作的状态分为四个区域。不同区域我们应该采用不同的举措，并不是每个区域都需要我们自己掌控局面的。

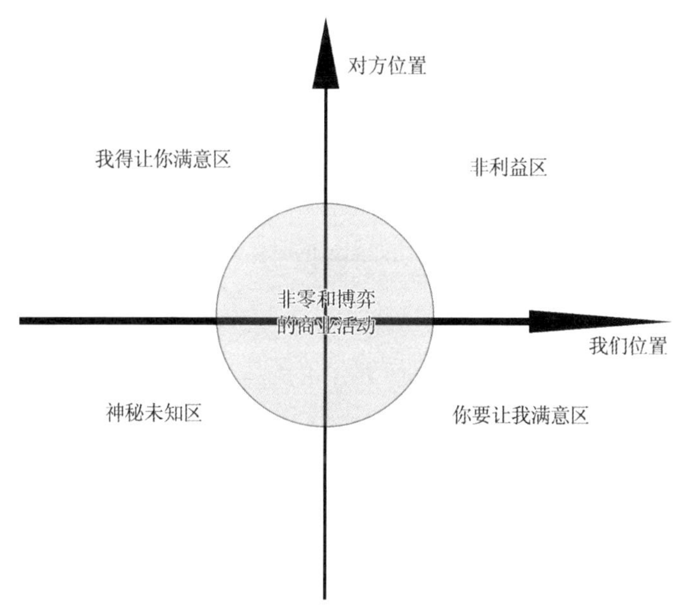

不同状态的四个象限

第一象限“非利益区”。在这里，我们和对方的位置都比较高，位置也没有谁高谁低之分。在这里通常没有利益交换关系。那么如果是在这一区域发生的沟通和谈判，我们只需真的尊重对方，理解他们的感受，让他们舒服一些。甚至我们要放弃控场，听对方的吧，这一定对我们有长期好处的。如果需要我们做主我们就试着控制局面，但是在这里不需要无时无刻控场，否则就是灾难。比如我们和父母、老师、爱人、朋友、孩子。

第二象限“我得让你满意区”。这个区域从第一性上来看，通常是我们服务对方。对方天然有更高的位置。在这里，我们通常的观点是顾客是上帝，客户什么都是对的。但是，为了我们的利益最大化，与我们想的可能不一样，我们在这里不能一味地附和，展示从属者的形象。我们反而需要打破对方的权威，需要让我们也有发言权，展示轻微的拒绝，或者拉近拉远。比如面试的时候，是服务员的时候，或者从事销售工作的时候。

请记住，不放弃对于局面的掌控，不是为了证明我们多厉害，对方多差，我们这么做是为了自己的利益最大化。

这个象限的核心是我们有没有办法：“我不需要非得和你谈。”

我的朋友老高是一个非常好的程序员，30多岁了，年初因为公司无法继续经营下去，被裁员在家。等了很久，他接到了一个公司的面试通知。这是一个很厉害的公司，行业地位很高，薪酬也不错。老高很高兴，他非常想去。

面试那天，老高早早地到了面试的公司。前台说您在那里等下。老高端着一个软趴趴的纸杯，坐在那个硬硬的凳子上等了一个小时。

没错，就是一个小时。随后面试官过来，漫不经意地说道："上一个会刚结束，不好意思让你久等了。"他漫不经意地翻了老高的简历几秒钟后，就把简历合上，推到一边说："你介绍下自己吧。"那种趾高气扬的状态，让老高很崩溃。但是老高没有办法，因为他很需要这个工作，所以很认真地介绍自己，努力让面试官满意，想办法对面试官表示尊重、认同，拉近关系。

"我们这里需要加班。"

"绝对没问题。"

"如果需要去外地呢?"

"绝对没问题。"

"恐怕级别也不高。"

"问题也不大的。"

这个场面可能对我们这些大龄的互联网工作者很不陌生。老高那天卖力地争取这个岗位，努力地讨好这个面试官。

可是他的利益没有最大化。不知道是不是看到老高湿了的衬衣前襟，还是看到老高稀疏的却整齐的头发。这个面试没有了下文。

我们来看另外一个故事。

我的一个好朋友是酒店的总经理，一天，他所在的酒店来了一个看起来非常洋气的客人。客人订了一个海景大床房，办理完入住十分钟后，客人回到前台，要求退房和赔偿。原因是床上有一根长头发。

前台说非常抱歉给他换一个房并且给升级一下。客人说不行，要赔钱。

大堂经理是一个小小的姑娘，非常有礼貌地努力地给客人道歉，说不仅仅可升级还可以赠送果盘，而且实在不行退房不收费。

客人不同意，要求赔钱，并自称是一个“大 V”，有很多粉丝。

最后把我朋友叫了下来。

怎么办？我的朋友个子虽然不高，但是非常干练，他的头发总是被发胶搞得一丝不乱。他告诉我，他是这么处理的。

“我在办公室里认真的整理了我的西装和领带，我知道，不管什么客人都是我的客人。”他说。

客人情绪还是很激动，但是我朋友判断不出来是真的还是假的。

见了我朋友，他重重地把房卡扔到柜台上，说：“你们的卫生做得这么差，让我受到了心灵的伤害，必须给赔偿。”可能由于很激动，他拿出一根烟准备点上。

“您好，先生，我是这里的负责人。我们卫生不好，让您受到伤害。”我朋友说道。

“必须得赔偿!”客人喊道。

“我们得赔偿。”我朋友看着他说。

“是的!”客人拿出打火机准备点烟。

“我能感受到您的愤怒，先生，对此我非常抱歉，但是，这里不是吸烟区，不可以抽烟。”我朋友坚定地看着客人。

这个客人有几秒钟是愣住的。

“如果我看到卫生差，我也会非常生气，我非常理解。如果您方便，我们能否去那里的吸烟区喝杯咖啡，我也想抽一根。同时我想我能从您这里听到很多建议，因为我能感受到您的专业。”

在吸烟区，他们谈拢了这次事件的处理方式。原来这位客人有洁癖，别说酒店的床上有头发受不了，自己的车里都不行。

我朋友是沟通的高手，他知道怎么处理冲突。抽完烟回来，客人继续住下，我朋友带着房务经理当着他的面，又检查了一遍重新打扫过的房间。

我朋友送给客人一个自助晚餐，客人去享用了，但是付了钱。离店后给了一个长长的好评，表扬这个酒店处理事情得当，设施很好。

“你不让这个客人抽烟，他为什么没有暴怒？”我问道。

“适当的拒绝可以及时地拉回主动权。表示这里不可以抽烟，抽烟区可以抽，让他觉得自己是被尊重的。我不仅仅是和他喝杯咖啡，而是向他表示他很专业。”

“还有，这里是我的场子，你是客人，我一定会服务好你，让你满意，但是，这里实际上是我说了算！”我朋友说。

第四象限“你得让我满意区”，是跟第二象限相对应的。这里是要别人让我们满意，比如我们是消费者，对方为我们服务，这里包括服务员、司机，或者是警察、医生等公职人员。跟我们想的可能不一样，在这里我们反而需要做的是，一定要尊重对方，想办法扩大对方的权威，让对方有更高的掌控权。而且对方地位越低，我们就越尊重他们的权威，重视他们的感受，越把自己置于从属位置。我们会更有可能利益最大化。

想想一件事情，警察正要给你的车贴条，你会怎样处理？“我就停一会，马上就走，你们怎么就这么不通融呢？”还是“错了，错了，真错了，给大家添乱了，你这也是为我好。”你觉得哪一种应对方式会让警察收回他的罚单？

在一次培训会上，听完我这个逻辑后，我的同事给我分享了一个她认为很神奇的事例。周末她们一家准备去一个很火的餐厅吃饭，到了以后发现人非常多。一个前台小姑娘，负责叫号。小姑娘一会儿带位，一会儿叫号回答客人的问题，还得帮忙收拾桌子，有时候忙不过来。小姑娘忙得满头大汗。可能等的时间长了，一个大哥有点焦虑了。他过去冲着小姑娘嚷嚷道：“怎么还不到，这都等了多久了，饿不饿啊，我这有老人孩子呢，你们怎么工作的？”

小姑娘一脸无奈，却只能说：“对不起大哥，您再等等。”大哥继续嘟囔，骂骂咧咧地走开了。

我同事坐在门口旁边的位子上。她想起了我说的话，她过去跟小姑娘说：“妹妹，我看你好辛苦啊，这么热的天，这一会干多少活了！

我在这等着也没事，我也会用叫号系统，我帮你叫号就行。你去喝口水。”我同事说。

小姑娘连忙说不用不用。

“估计你也饿着肚子，还得让有的客人嚷嚷。”我同事说道。

小姑娘点点头。

但是，很快我同事一家就吃上了饭。他们是 3 个大人，1 个宝宝。4 人桌排队的还有 10 多桌等着。小姑娘给了我同事一个 6 人桌的号，6 人桌只有 1 桌在等待。

这是一个真的故事。她的利益最大化被实现了。

大家可能不信，下一次去试试，对给你服务的人充分地尊重，提高他们的权威，看看能不能让自己的利益最大化。

在这里有一个区域对方位置都很低，在谈判中，我并未发现这种类型。所以我称之为“神秘区域”如果你发现了，可以告知我。非常感谢。同时，我们发现非零和博弈的商业谈判几乎就是前 3 种状态的合集。所以我们就要根据局面不停调整所需要的位置和动作。

5.2 如何让自己的气场强一些，让可控场的机会多一些

亲，有的人在人群中会带着一个“天线”，让人一眼就能看出他是被欺负的那个，希望这个人不是你。

我们在这里先强调一下，控场或者增加气场，不是让我们带有攻击性，不是咄咄逼人。而是，让对方觉得我们值得被尊重。

在谈判和沟通中，双方是带着不同的气场（西方称做框架）在进行沟通的。气场这东西，在中国一直是一个玄之又玄的东西。为什么有的人往那里一坐，你跟他谈东西的时候就会瑟瑟发抖？而为什么有的人站在那里，却不由得让你挺直胸膛。那是因为我们双方都带有自己的气场。每一次交流我们都会让我们双方的气场发生碰撞，而且我们彼此的气场不会共存太长时间，他们会互相竞争，直到其中的一方获得控制权。剩下的不是被吸收了，就是被打败了。强的气场会吸收弱的气场并且碾压他们。更关键的是，强气场的一方，会主导接下来的沟通谈判活动。

气场的表现是刻意的吗？

不一定。

这些表现，也可能是我们在沟通谈判或者生活中表现出来的一种随意的状态，很多时候不是刻意为之的，是自然流露的。在霍金的搭档，物理学家列纳德·蒙洛迪诺的《潜意识：控制你行为的秘密》[1]中提到，这些都是我们大脑的潜意识的动作，有可能是我们理性脑无法捕捉的，但是我们的原始脑和边缘系统却每时每刻地在对信息作出的处理。我们上面提到很多次的诺贝尔奖获得者丹尼尔·卡尼曼认为，我们的大脑有原始系统和理性系统两套系统在工作。心理学家和科学家们的研究都表明，我们举手投足间呈现出来的这些下意识的行为，很多时候并不用靠大脑的主动意识控制就可以实现。

这种表现跟我们自身地位、威信、财富、力量、信息、经历息息相关。

我们没有办法用玄学去指导谈判，我们也没有办法让大家快速地具备以上这些元素。我们需要简单的可以理解和使用的科学办法，

---

① (美) 列纳德·蒙洛迪诺：《潜意识：控制你行为的秘密》，赵崧惠译. 中国青年出版社，2013 年。

让大家在需要的时候可以控制场面，或者至少不让自己的气场这么快被对方吞噬。

我们的潜意识、本能系统在大量的处理感官的信息，这高达每秒钟 1100 万比特，而我们理性系统能处理的也就是 16~50 比特的信息。临时想起来调用理性系统是非常困难的。所以，当我们要在自身地位、威信、财富、力量、信息、经历等都不能立即具备的情况下，我们有没有一些方法能让我们顺应这种潜意识的行为而不是与之对抗，从而使得我们的气场没有那么弱呢?

5.2.1 说话方式

(1) 嗓音

当重要谈判发生的时候，在面临紧张或者压力的情况下，我们的体内大量地分泌肾上腺素和皮质醇，让我们做好准备，我们的本能系统会快速地启动两种准备：要么打，要么逃。

尤其是当我们发现自己可能无法掌控局面或者对方很难搞的时候，我们可能会着急，想尽快扳回来。当然，我们也可能想赶快逃离这个让我们沮丧的地方。但是一旦着急或者准备迎战，我们的嗓门就会变大，这是让我们看起来很有力量的一套潜意识的运作方式。肾上腺素会让我们的肌肉短时间有更大的力气迎战。反映到谈判上这种无法自由打架的交谈场景上，就表现为更大的嗓门。

但是非常不幸的是，更大的嗓门，在掌控谈判局面这件事情上，适得其反。我们祖先最早的生活场景不是需要坐下来好好谈谈的，反而是需要随时战斗的，所以进化到现在的需要以谈判为主的文明社会，这种本能机制反而是帮了倒忙。

大嗓门表现为气场很强吗？

事实证明，往往有力量的语言，表现出来的反而是缓慢的，低沉的，但是清晰的。这背后的生理和心理机制是，气场比较强大，或者叫作拥有强势心理的人，通常会先发言，更多的目光接触。同时，感觉到强大的时候，我们说话就会自然地放慢，这是因为感觉到自己的气场很足或者强势心理状态下的时候，我们会觉得相对安全，我们的肌肉就会放松，这包括我们的喉部肌肉群。喉部肌肉群的放松让声调自然低沉下来。

《掌控谈话》[①]的作者FBI前国际危机谈判专家克里斯·沃斯说，谈判最好是用深夜电台男主持人的声音，那是一种低沉的、缓慢的、

---

① （美）克里斯·沃斯、塔尔·拉兹：《掌控谈话》，赵坤译.北京联合出版公司，2018。

富有磁性的声音。这会比我们高声地喋喋不休更有力量。

这里我们特别想对男士们说一件事。

研究人员在实验中发现，当要求被猜测某一声音的男性的外形时，女士们倾向于将低沉的声音与高大、强壮、胸毛多的男士联系在一起。在另外一个实验中，研究人员发现，男性会在潜意识中衡量潜在的竞争对手，分析自己是否占有主导地位，随之调整自己音量的高低。研究人员邀请了几百个 20 多岁的年轻人参与实验，他们被告知要和隔壁的另外一个男子竞争与美女共进午餐的机会。这些参与实验的男孩子通过摄像头与美女交流，但是当他的竞争者交流时，却只能听见，看不到。最后研究人员通过监控录像发现，当男性认为自己比竞争者更健康、强壮，有更多社会资源的时候，他们的声音会更低沉。而当他们认为自己处于劣势的时候，他们的音调会升高。只是这一切他们并没有完全意识到。

为什么呢?

研究发现，和低沉的声音密切相关的，其实是睾丸激素水平，有磁性嗓音的男士通常男性激素水平更高。

⑵ 语速

《潜意识：控制你行为的秘密》作者列纳德·蒙罗迪诺列举了一个研究者的实验。科学家让参加实验的人员回答两个生活中的问题，比如你突然发财了，你会怎么做? 答案被录音了下来，然后参与实验者将声音升高或者降低了 20%，语速加快或者减慢了 30%。剪切后的声音依然自然真实。这个处理过的回答，让其他参与实验的人员听。内容没有任何变化，只是声音和语速发生了变化，结果却是差异很大。

结果显示，相对于音调比较低的人而言，说话声调比较高的人被认为不真诚、无法切入要害、没有力量。同样，相对于说话比较快的人而言，说话慢的人被认为有不真诚、说服力不强、动作慢等特点。

这个是不是和我们想的不一样？大家不是认为说话快是“初级销售”的特征吗？《潜意识：控制你行为的秘密》的作者认为，这可能是因为说话快、声音洪亮、停顿更少，会被认为更有活力，更博学。

所以，声调跟气场和强弱势心理有巨大的关系，但是语速快或者慢，到底哪个更能增加气场？现在并没有严谨的科学证明，跟随你的习惯就可以，千万不要刻意地去做，比如一会儿很快，一会儿又很慢，保持一个频率即可。

5.2.2 姿势

别让自己看起来太小。

我们看一个电影里《上帝也疯狂》电影里的镜头。

在非洲草原上，鬣狗突然停止攻击一个它尾随了很久的孩子。原因是这个孩子把突然把木头放在头顶上，让自己看起来高大了很多。

就爬行脑而言，我们和这个鬣狗其实没有什么区别。这也是为什么当我们看到一个又高又壮、凶神恶煞的人，我们会尽可能避开跟他的冲突。我们的爬行脑会快速计算，选择让我们避开，确保安全，让自己处于安全的地位，这是爬行脑运算的一条重要的规则。

当然，我们的爬行脑和潜意识除了快速地帮我们判断对方的状态，也在偷偷地调整我们自己的姿势。当我们胜利的时候会舒张身体，难过和怯懦的时候会把自己蜷缩起来，当我们紧张的时候会不自然地手摸脖子，或者我们不想接受别人的时候，会用交叉双臂把我们自己封闭起来，等等。潜意识会对我们的动作做很多控制，而我们的大脑还没有意识到。当然，一些在不同国家，会有一点差异。

在谈判和沟通中，我们确实也需要遵循和利用这些特征。想象一下，一个蜷缩着身子的人和一个身姿挺拔的人，哪一个会让你觉得气场更强？大概率是后者是不是？也就是说，让自己看起来更小的动作或者准备撤离的动作会让人觉得气场更弱。

但是提醒一下，谈判中如果我们自身地位、威信、财富、力量、信息、经历不够，我们不一定要过分地扩张我们的肢体，占据更多的空间，这会让我们看起来虚张声势并让人生厌。

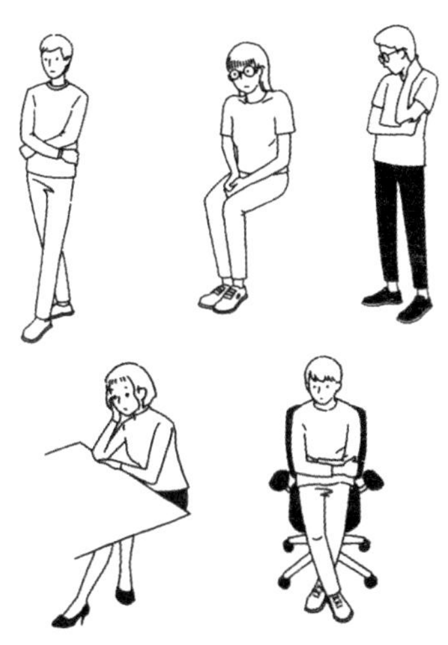

让气场更弱的动作[1]

想象一下下面这个场景：你去面试或者找对方的老板谈一些事情，对方坐在自己宽敞的高大的老板椅内，然后指着桌子旁边的一排小小的椅子说："请坐吧。"你蜷缩在那里。而对方四肢舒展，甚至半躺在老板椅子上，像是在思考。你知道要让自己看起来很强大，于是说："实在不好意思，我，我站着吧！"于是你把双手叉开，扶在他的桌子上。你扶的面积足够大，以致让他不得已把自己的杯子往后拿了拿。你很自信，站得很直，扶着桌子的手指不时地敲敲桌子。

几分钟后，我敢保证你和对方会在琢磨："这人是不是个傻子？"

在这个时候，我们上面说过的顺从策略往往是更有效的。

---

① （美）埃米·卡迪：《高能量姿势》，陈小红译.中信出版社，2019，第200页。

最后，如果我们不能够提醒我们的本能系统，表现得紧张焦虑或者怯懦的时候。怎么提醒自己呢？最简单的方式是由同伴提醒。如果没有同伴，请拿一个本子，在扉页写上这样的话：亲，紧张也好，沮丧也罢，请坐直了！

合理使用高能量姿势

为了让自己看起来更有气场，除了在沟通谈判的时候保持舒展的姿势，还有一点更重要，就是外在动作配合内在的表在。一个有气场、能控制场面的人，内在表现是什么呢？科学的指标是这个人的睾酮含量在提升，皮质醇含量在降低。

没有自内而外，只是简单的“自外而内”，一定会让人觉得虚张声势。

周星驰先生的《喜剧之王》里面的主角一直看的《演员的自我修养》中说：“表演要先要自外而内的呈现，但更重要的是自内而外的呈现。”

那怎么让自己从内到外地显示出来这种力量，尤其是在自己的地位、财富、声誉等还不具备的情况下？

请注意，谈判前的好的状态可以增加自己内在表现。一个简单的，调整好的状态的方式，就是舒展我们的肢体，做出扩张的动作。我们上面说过了，不是在对方面前做，因为那会看起来很傻，是在和对方谈之前做。

为什么舒展四肢能帮我们提升内在的状态?

美国哈佛大学的教授埃米·卡迪在其作品《高能量姿势》及其演讲中，指出：我们体内控制状态的有两种激素，一种是优势激素睾酮，一种是压力激素皮质醇。当我们体内睾酮的分泌量增加的时候，我们会感觉到那种控制感，感受到能够驾驭的气势。作者说，这叫存在力，也就是我们说的气场。

但是如果皮质醇含量过高，我们的压力会很大，我们就会敏感，容易狂躁，存在力和气场也会降低。

在谈判的时候，让自己的睾酮分泌增加，皮质醇降低，有一种简单的办法，作者通过实验研究发现，做出扩展性姿势的人两分钟后，他的睾酮水平上升了 19%，皮质醇下降了 25%。而当一个人摆了收缩性姿势，他的睾酮水平下降了 10%，皮质醇水平上升了 17%。

所以谈判和沟通之前，找个没人的地方，最好有面镜子，看着里面的自己，做几个模仿金刚葫芦娃、奥特曼、超人的动作都行，只要让自己的肢体打开，坚持几分钟，你就会发现意外之喜。

我们情绪和状态会影响我们的肢体动作和眼神，但是同样我们的肢体动作也会影响我们的情绪和状态，俱身认知就是这么来的。

5.2.3 眼神

我们还要注意一个事情。那就是，不要忘了，眼睛是心灵的窗户。

一个蜷缩着身子、目光怯懦的人，和一个身姿挺拔、目光懦弱的人，哪一个会让你觉得更有控场能力？可能都没有对不对？

我记得一件令我印象特别深刻，并且让我异常惭愧的事情。那一年，公司难得在三亚开会和团建。在一个微风习习的傍晚，海风吹拂着椰子树的树叶发出轻柔的声音，柔软的草坪上，音乐慵懒地进入我的耳朵。看着公司准备好了丰富的海鲜自助和烧烤，和远处在夕阳下波光粼粼的海面，我自己却内心澎湃，心情一点没有融入这美好的景色。

为什么呢？

我的一个下属，因为一个工作的问题惹毛了我。就是在海滨美景中，我说了人家那个小伙子 20 多分钟。其实这个小伙子刚晋升上来，有一股拼劲儿。看到我失去理智的样子，也只能是连连认错。我记得非常清楚，我越说越激动，因为我发现他虽然认错，但是眼睛根本没有看我。到最后，我怒不可遏地对他吼着："我给你说话，你看着我！"

我记得同事当时那无辜、愤怒却又无可奈何的眼神，就在美丽的亚龙湾的晚霞中。

还有一件事，让我刻骨铭心，因为那个时候我特别需要一个工作。

当有一个部门的一个岗位出现时，我的眼前出现一道亮光，因为我觉得这简直就是为我而准备的。跟这个部门领导聊的那天，我非常兴奋，因为除了岗位本身，我觉得这个人也很厉害。我印象很深刻的是在那个没有窗户的小会议室里，我目不转睛地看着他，频频点头表示认可。而我发现，我在说事情的时候，对方很少看我，自己在拿着pad记录些什么。还有，发现这个部门领导跟我有很多背景极其一致，我不自然地加快了语速，提高了嗓门。

当然，由于我特别渴望这场面试的成功，已然忘却了谈判的这些元素。那就是我们跟对方比，认为自己处于劣势地位，我们会不自然地提高自己的嗓门，而当我们认为自己处于优势地位的时候，我们会不自然地放低嗓音。当然，如果面试者希望要一个服从的、听话的员工，无疑我的举动，非常讨他欢喜。但是如果面试者想要一个独当一面的、敢打敢拼的员工，很明显这不是一个好的举动。

结果呢？我被拒绝了。

眼睛是怎么表现出来气场大小的?

除了笃定和游离的眼神外，还有其他。

心理学家和社会学家们发现，人们确实有很多方式向对方传递“我比你强大”的信号。这一点我们和灵长类动物没有什么区别。除了肢体，还有最简单的一种，视线的方向和看不看对方，都是重要的优势地位的信号。简单地说，注视行为与我们的社会优势关系巨大。

心理学家为了能够简单地量化这个行为，进行了一项实验。实验内容是，记录自己讲话过程中注视别人的时间的占比，再记录你沟通对象说话时候，你的注视时间的占比。前者除以后者会得出一个数。这个数叫作视觉优势比例。

研究者发现，这个数字越大，接近或者超过1，你自己感觉自己的社会优势越高，反之亦然。

当我们在沟通和谈判时候，如果我们说话时视线不注视对方，而对方说话我们却小心翼翼、目不转睛，谈判的局面已经了然。所以为了避免此类情况，我们可以尝试刻意让自己的这个数字变大。

5.2.4 社会优势

亲，“人靠衣装马靠鞍”，你可能不信，但是你的潜意识信。

⑴ 高级的装备

喜欢吹牛的人并不少见。他们采取的最常见方式就是告诉他人，自己跟谁认识，自己多么有钱，自己的包多么贵。我们知道这可能不是有效解决深层次自卑的问题，往往缺什么，人们就愿意展示给别人自己有什么。奥地利的著名心理学家阿德勒在《自卑与超越》中指出，有一种人为了掩盖自己的自卑，会在生活中用过度的自大去呈现。

沟通和谈判中，有人依然喜欢这么去做。可能是无意之举，也可能是有意为之。我们只能说，对于大部分人，面对这样的交谈对家，是吃这一套的。

为什么外在的装备也会影响气场？

我们跟动物一样，有一种优势是身体优势，比如我们更加高大，更加强壮，看起来更加有力量等。但是我们社会优势的展示却是独有的。我们戴一块劳力士或者开一辆兰博基尼，可能和雄性狒狒炫耀自己的胸肌，作用一样明显。

在这里提醒一下，虽然一套阿玛尼的西装会让一个男人更有自信，但我们并不鼓励大家吹牛或者购买奢侈品。冷暖自知，丰俭由人。

⑵ 假装的成功

想象一下，在这一章第一节，我们说的处于第二象限大多数是什么场景？销售场景？我们服务别人的场景？

你有没有注意到，链家经纪人的扣子都是扣到第一个的，不管多热。有一年夏天，需要搬家租房子，于是经常趁着中午饭时间，约链家的小哥去看房。在一天最热的时候，我穿着休闲短袖已经汗如雨下，穿着长袖衬衣的链家小哥衣服自然已经是湿透，甚至头发也跟刚洗的一样。但他依然系着领带，领口的扣子也是整整齐齐。甚至，长袖衬衣的袖子也不曾挽起，袖口也是紧紧地系着。

我问："兄弟，你不热吗？为啥不穿短袖衬衣？"

"短袖衬衣不是正装。"

"哎呀，这么热，大家都熟了，你摘了领带，把袖子挽起来吧。"

"哥，谢谢您，不过这真的是不可以的，链家和别的中介的区别之一，就是我们的扣子要求必须系上。"

"为什么呢？"

“我们必须坚信，我们是有礼貌、有规矩的人，我们只有相信和尊重自己，顾客才有可能感受得到，才信任我们。”

说实话，那一刻我是肃然起敬的。

很多的餐厅或者服务机构的工装一定要是西装，很多高端一点的服务机构，工作人员的西装一定要是好的品牌。其中，一是让别人感受到重视，还有让服务者自己增强自己的内在感受。加上现在很多文化中，都不约而同地让黑西装、白衬衣和专业联系起来，让正装和权威关联起来。这记得我们上面说的小王子的故事吗？

生活中大家经常说，你如果喜欢或者仰慕一个人，就模仿他的动作，感受他的感受，时间长了，你就越来越像他了。西方把这句话叫作在真正成功之前，首先装作成功。（Fake it till you make it.）之前大家觉得这只是一个谚语，现在却变成了严肃的科学研究主题。

为什么装着装着就像了呢？

现在的认知心理学家们发现，我们的大脑会将不明原因的生理反应和周围的事物联系起来，创造一种符合当下的情感。为了验证这个说法，科学家们开始用大量的实验来寻找证据。

著名的吊桥实验，就是两组参与实验的男士，一组在一个离地面

70多米的窄窄的摇晃的吊桥上，桥下就是万丈深渊，掉下去就必死无疑，另外一组是在离地面30厘米的结实的木桥上。两组男士分别在桥中间被对面的一个美女拦下来，问了一些调查问题，之后美女留下了电话，说：如果对这个调查有任何问题，请联系我。

结果是，在危险的吊桥上的男士打给这个美女的比例，是在安全木桥上男士的5倍。为什么？我们面对危险的时候，心跳加速、体内大量分泌肾上腺素，这和美女一起调情的感觉差不多。

对很多人来说，我们的大脑很轻易就把这高耸的桥上害怕的这种感觉，当成了这个美女很有吸引力，她对我有意思，让我们有怦然心动的感觉。

当我们认为我们很卑微的时候，我们唯唯诺诺，小心翼翼。焦虑、紧张、压抑的情绪就会伴随左右。这些情绪让我们体内所分泌的皮质醇、肾上腺素等激素增加，使我们愈发消极。当我们坚定地认为我们未来就是一个很成功的人，哪怕现在是装出来的厉害，慢慢地，自信、坚定、控制等感受，也会让我们有更多的感受积极的情绪，体内也会分泌更多跟积极情绪相关的激素，如多巴胺、内啡肽等，而这就让我们愈发自信。这也是为什么要先想象自己很成功的原因。

那么，在需要出席掌控局面的谈判活动中，比如销售或者商业谈判，如果我们自己本身跟气场相关的其他社会因素还没积累充分，或者我们也没有《功夫》里的终极杀人王火云邪神的真本事，穿着正式，尤其是男士想办法给自己安排一套贵点的正装，会是有用的办法。本身就自卑、没有信心的人，穿着皱皱巴巴的衣服，要么自己蜷缩起来，要么就更在意自己穿得不好，还怎么谈判？

人类有一种天然的倾向，那就是相信有权威的人，哪怕这些权威的人只是徒有其表。人们发现，如果有人穿着制服，比如医生的白大褂，或者只是西装，他们对陌生人提出命令时被接受的概率就会增加很多。研究者在得克萨斯州进行过一项实验，一名男子没有遵循信号灯横穿马路，实验的目的是看看有多少人会跟着他横穿马路。结果当这个男子穿西装打领带时，跟随他的人是他穿便装时的 3.5 倍。

还有，千万别忘了，和上面那一节说的一样，正装本身就会让你坐直了。

总之，社会优势是我们人类独有的一种被人尊重的特点，沟通谈判的时候，使用它可能是一种捷径。穿着得体，背一个令人印象深刻的包，使用昂贵的高端笔记本，或者一双考究的高档皮鞋，一辆崭新的豪车，都可能让对方不自觉地心生敬畏。

⑶ 头衔

早些年，大家一起谈商务事宜的时候，是一定要掏出名片的。不管真实身份是什么，赚多少钱，名片上的职位一定要很高级。于是，各种董事长、会长、总经理密密麻麻地堆在这张小小的纸张上。甚至一面不够写，反过来继续补上。当然，我还见过没有那么浮夸的，一张名片上只有一个名字和电话，只不过名字后面带有两个字："爵士"。

为什么人们那么热衷于让别人知道自己的头衔呢？

心理学家的实验表明哪怕是伪造的头衔，依然能够很容易地影响别人的行为，让陌生人更加恭顺。甚至更过分的是，头衔还能让那个人在旁边人眼里显得更高大。澳大利亚的一所大学里的实验证明了上面的结论。

英国剑桥大学的一个访客来到 5 个班级交流，在不同班级里他的身份不一样。从学生到讲师然后到教授。交流完毕后，实验者让 5 个班的同学目测这名访客的身高。结果是他的级别越高，被目测的身高也越高！甚至身份是教授的时候的身高比是学生时高了 6 厘米。

这些年好像用名片越来越少了，见面大家加个微信就好了。这样一来，感觉很多沟通和谈判反而轻松和平等了。

但千万不要忘了，在还有展示头衔这一招。无论是你想用，还是你看到对方展示给你的。

5.2.5 以弱胜强

亲，由内而外的自信很多时候来自你坚信这个事情意义重大。

5.2.1~5.2.4 这四部分讲了利用人类本身的特点，以及人类独有的社会优势的特点，帮助我们增强控制场面的因素。

这都是外在的需要训练的功课。而自内而外的自信和笃定，将是增加气场和自己控场能力的骨架。这种自信和笃定，除了跟我们上面说的社会优势有巨大的关系之外，个人的信念也发挥着巨大作用。我们把它叫作价值观，也就是在这个事情中找到的自己的意义。

影视作品中，我们的先辈们跟敌人的谈判历历在目。那些衣衫褴褛、遍体鳞伤甚至无法站立的先辈们，在谈判中没有丢掉对场面的控制。反而让那些高高在上的且傲慢的敌人丢盔卸甲。

其中靠的自然不是我们上面说的言谈举止的学问，也不靠社会优势带来的信心，而是更高级的信念和意义。

解决自卑的最重要的方法，是找到自己在社会和组织中的意义。谈判中也是如此。这是我们由内而外展示我们力量和控制能力的根基。

大家可能觉得，这有点复杂了，我去买个东西讲个价，或者我去跟保安谈谈让他放我进去，谈什么意义呢?

别忘了，这些都是在“你得让我满意区”里的场景，在这里更不要忘了，我们要做的是增加对方的权威，我们让对方有控制感，才是核心原则。所以，没有什么意义也罢，因为你不需要从内到外地增加自己的气场，也不需要你去控场。

但是，在“我得让你满意区”，这个事情就会变得重要了。无论我们是作为销售、服务人员、公职人员，还是我们去参加面试，在这里，我们的产品和服务对别人产生了价值，这个信念是我们自内而外的气场的源泉。

我还记得自己多年前从一个外资的互联网公司离职创业，希望能够帮助到消费者在相对便宜的住宿中依然享受到标准化的卫生和安全设施。团队人员都认为这个事情能给很多人带来价值，于是我们就坚定地上路了。那是一个万众创新、大众创业的年代，资本和市场都无比活跃，为了更快速的发展，需要不停地融资找钱，作为创始人，在项目进展到一半的时候，我差不多一天能见到3个投资人，不停地、重复地给他们介绍这个项目。

投资人大部分都是学历很高、收入很高的人，社会优势碾压我一个创业者。但是，在跟他们的谈判中，我自己却感觉没有任何的气场不足。我是根本不在乎对方什么身份，也根本不在乎他们是不是名校毕业的硕士、博士们，优雅地从自己的豪车下来，而我只是把我的共享单车停在一边。

那是因为自己非常坚信这个项目的意义。自己坚定地认为，你如果不投我，是你的损失。当然，我们接受了不少投资，他们说很喜欢这种坚定地相信自己项目的人，也看到我眼里的光。

当然，创业者的状态确实是比较极端的场景，只有保持这种对自己产品的狂热，才有一丢丢成功的机会。在生活工作中也是如此。在跟大型企业和组织谈判的时候，有一个非常重要的方法，叫作利用对方的准则，其实就是找到要谈的事情的意义。

我们来看一个例子。

小杰在一个互联网大厂做销售经理好多年了，年底的时候她准备更换一个新的岗位，多次努力之后，终于有一个机会，她可以和自己的助理一起转岗过去。可这个时候，正好是要发年终奖的时候，小杰的领导随手就给她们打了一个很低的奖金系数。理由很简单："她们都要转岗了，我为什么要给她更高的奖金?"

小杰当然很生气，跟她的领导多次沟通无果后，小杰跟我说，准备和这个上市公司真正管事的谈谈。

我问她你准备怎么谈?

她回答，我只问他两个事情："一，公司天天宣导的价值观中是不是鼓励转岗并强调整体利益?二，公司是不是不允许歧视女性员工?"

“人家可是老板。”

“虽然他是老板，但我是为了自己的合法权利，我也不能让帮我的助理被这样对待!”

结果很快公司就处理完毕，除了补了该有的奖金，还额外给了不菲的补偿。

维护自己和同事该有的合法利益，就是谈判中小杰找到的“意义”。有了这个意义，在面临这些更强的对手时，才不会唯唯诺诺。

5.2.6 适当拒绝，及时拉回

亲，一味地妥协并没有用。

人类受到威胁时，我们的本能系统和潜意识会立即启动。“要么打、要么逃”是我们的天然反应。但是，别忘了，对方可能也清楚地知道上述的道理。如果你发现对手看起来比你更强大，想想会不会是他先使用了前面说的办法呢？仅仅是想想，我们的打或者逃的本能系统就会暂停，理性系统会重新启动。

除了想之外，面对更强的组织和个人，我们需要一个动作，叫作适当拒绝，及时拉回。

还是先看一个真实的故事。

有一年去拜访东北的一个客户，在这之前他们没有选择我们的服务，而是选择了我们的同行。他们自己生产的产品不错，消费者很喜欢。

对方总经理是一个貌似很高冷的女士，一脸的严肃和冷酷。我知道，她大概是在通过这种氛围的营造，试图牢牢的控制局面——要想跟他们合作，并不容易，一切得看她心情。

“你们来这里干吗？我不是很有空，一会还有个会等着。”

我虽然知道她的目的，但是没想到她这么直接。我的同事很有礼貌，他还不知道“喵星人和汪星人”的状态，也不知道三个象限的故事。他微笑着用很多讨好的方式介绍着我们的服务，试图被对方喜欢和信任。有几招确实管用，尤其是赞美这位女士管理有方的时候。我们看到她脸上表情的轻微变化。

“说重点，你们来这里干什么，别说些大的词，我也不知道是什么意思。”这位女士的没有礼貌让人手足无措，至少我同事是这样。

“我们跟他们合作得好好的，我为什么要用你们？你知道他们对我们有多重要吗？”

“我们的产品性价比也很高。”我的同事依然很温和地说道。

“你知道他们的服务有多少吗，你知道这对我们有多重要吗？”她的声音开始大了起来。

“我给您汇报下我们的方案……”我打断了我非常耐心的同事。

“这个先不着急。”我轻轻拍了拍身边的同事。同时，我把我们给这位总经理的文档收了回来，我看到她只是轻蔑地翻了几下，就扔在那里。

“贾总，我能感觉到您很生气，我觉得可能是我们的产品和服务有问题，之前打扰过您。”我慢慢地说道，声音很低，但是很坚决，“对此，我非常抱歉，我觉得现在还不是合作的时候，我们并不着急现在就给您继续添麻烦。我们也没有那么强大，我想我们能服务好那几家（她的对手）就很不错了，等我们变强了以后再服务您，这次我们先不打扰了。”

我能感觉到她表现出来几秒钟的吃惊。我们毕竟也是数一数二的公司，当时疫情这个局面，大家都缺生意，都需要更好的供应链和销售渠道，况且大家都是职业经理人，山不转水转，很快不知道在哪里又需要合作。

她估计也在想自己是不是做得过了。

“我生气吗？你们的客服确实是太差了。”她几秒钟后才说话，很明显跟之前有点区别，虽然依然想牢牢地控制局面。我猜，她绝对不希望跟我们断绝关系。但是，由于某种目的，她需要在我们面前力挺我们的竞争对手，打击我们。

“不止您一个人说我们客服差了，我们很惭愧。怪不得让您这么生气，这是应该的。给我们点时间，我们一定会改善，改善好了，我们再来找您。”

对方一下子就变了很多。她可能本来就是一个很温和的人，或者只是特别习惯打压别人的气势而已。听别人无助的解释，再进行反击，是她的乐趣。可是，现在她没法继续打击了。

“我们有什么办法可以跟你们合作但是不影响××？”她停了一会说到。那天下午，在我和同事准备要走的时候，我们和贾总又聊了半个小时，商讨了合作的方案。

我记得走的时候，贾总很认真地送我们到大门口，看着我们上车才离开。

为什么这么做有效呢？

丹尼尔·卡尼曼在《思考，快与慢》[1]书中，系统地解释了我们大脑的工作特征。我们大脑中，“系统一”和“系统二”相互配合，合理分工。“系统一”跟潜意识差不多，是一套本能系统，他像一个电

① （美）丹尼尔·卡尼曼：《思考，快与慢》，胡晓姣，李爱民，何梦莹译. 中信出版社，2012。

影的主角一样，不停地在我们生活中神采奕奕地出现。他不需要我们认真思考，不需要我们认真计算、判断，他靠着直觉、冲动，用着极少的能量，支撑着我们的生活，比如散步，开车，计算2+3等于几。只有系统一搞不定的时候，他才会把理性的“系统二”叫出来帮忙。但是，一旦“系统二”出现，“系统一”就会消失在镜头中。就像我们散步的时候可以轻松地算出2+3等于几，但是如果我们必须要立即知道2348×345等于几，我们就只能启动系统二，而且一旦启动，我们就不能走路，必须停下来算。

心理学家肖恩·弗雷德里克研究发现，人和人之间确实有区别。有人特别倾向用脑海中最先出现的想法去回答问题，而不愿意费时验证自己的直觉，他们往往比较冲动，不耐烦。而有的人，天生比较容易启动“系统二”，他们喜欢思考，批判性思维很强，同时，他们做事情不冲动，也很少被情绪控制。

谈判的时候也是一样，那些天生比较强势的对手，很多时候是靠自己的“系统一”在工作，这是他们的习惯，甚至屡试不爽。

谈判掌控局面，需要了解和判断对方的认知状态，通常在“你得让我满意”的象限，我们去扩大对方权威的努力，是为了让对方认知放松，让对方觉得一切顺利，一切可控，如果决策就是需要这种状态，则无需改变什么。

但是如果决策是需要对方的冷静思考，判断，分析，而对方却是一直处于系统一的状态，我们唯一要做的就是让对方的系统二启动起来。一个非常有效的动作是打破对方的认真放松。丹尼尔·卡尼曼说，放松是事情顺利的标志，没有障碍，一切顺利就没有必要投入更多的精力。如果事情进展得不顺利，对方便开始处于认知紧张的状态，一旦紧张起来，就更容易调用“系统二”。

所以重复对方的话，表达对方的情绪，是让对方感受到自己的情绪，感受到情绪就会启用理性系统。而表示轻微的拒绝，却是让对方感受到认知紧张，也是为了“系统二”开始工作。

进入“系统二”，大家就会好好地计算利益，平衡得失。

当我们面对对方的掌控行为的时候，不是什么都要同意，表示认同和服从会增加好感，重复对方的话，表达对方的情绪，或者轻微抗拒（请注意，是轻微，而不是彻底对抗）却可以让对方的“系统二”开始工作。他们会想：“咋了这是，我是不是过分了？我错过了什么？”如果只是所有的应声附和，对方的“系统二”很难被启动。

我们再来看一个真实的故事，故事的主角是无人机的龙头企业大疆的一个客服小姑娘。

秋高气爽的一个周末，我们带着孩子在海边玩，朋友老王在海边准备用买了不久的无人机拍点漂亮的照片。风有点大，但是大疆是能驾驭的。景色很美，陶醉其中。但是几秒钟后，无人机失去了联系，这不是一个什么问题，老王淡定地说，失去联系它会自动返航。

但是这次，没有。在老王仰面朝天，盯着十几分钟过去了依然安静的天空后，他知道可能有问题了。打开App一看，果然，它已经在离岸边上百米的海底了。

这个无人机，老王刚买不久，价格不菲。之前拍的视频和照片也没有来得及导出，现在它却在海底。老王打电话给大疆的客服，我能看出他的心情很低落和沮丧，甚至有点生气。老婆给他的零花钱并不多，省吃俭用买的自己喜欢的东西这就没了。

“我的飞机好好的，为什么飞着飞着就没了，这里很开阔啊，我也操作很得当，你们的飞机是不是有问题?”老王语无伦次地嚷嚷着，他声音很大，他试图让对方知道自己很生气。当然，他肯定不知道这属于我说的第二象限。

我让他打开电话的免提，毕竟我是教谈判的，可能会帮上他。

“先生，我听懂了，您的飞机丢失了是吗，我能感受到您此刻着急的心情，这个飞机不便宜，而且我相信您肯定也拍了很多素材。”这是一个南方小妹妹的声音，暖暖的很平静，那一刻，我对这个公司的专业肃然起敬。

“是啊，飞着飞着突然就掉海里了。”老王语气缓和很多，但是依然很焦虑。“我是看中你们大疆的技术，怎么会这样，我怎么办，你们需要给个解释!”

“飞机在海里，确实在海里了，先生。”客服小姑娘操作了一会说：

“先生，您的着急我感受到了。我们对此有两套方案，第一种是会免费给您寄送一台，第二种是启动您的保险，您也只是花一点点钱，再购买一台。总之，请放心，不会有什么太大的损失。”小姑娘就像安慰犯了错的孩子似的，我不知道他们是怎么培训出来这样的员工。

我看出来，老王一下子不紧张了。

“那是否可以立即寄送一台呢，我们这个假期还要用呢。”放松的老王说道，我肯定会在网上给你们好评。“或者先给我一台旧的让我用着啊，很多公司不都是这么做吗?”

“好评对我们很重要先生，我感受到您是一个很温和很有经验的人，所以您肯定知道，我们得有一套流程去确认问题。而且，我想我会用对您最有利的方案全力以赴。所以，您是否可以等等我们呢？我相信会很快。对了，还有，如果不是您的操作问题，我们也会送您一套一样的储存卡。”

大疆没有给老王立即寄一台机器，老王也不知道是不是他操作的问题。小姑娘的话让他冷静了下来，他没有再啰唆。

挂了电话，老王长叹了一口气，说人家卖得贵是有原因的，以后我买拍摄的东西，可能就只买大疆的了。而我知道，大疆客服的小姑娘采用适当拒绝、及时拉回的办法，成功地控制了局面。

当天晚上老王微信我说，他收到了大疆的回复，不是他操作的问题，大疆会立即给他寄一台新的无人机。

5.2.7 “该死的”渴求感

亲，如果你只有这一个选择，那请你务必在谈之前再找一个。

谈判领域有一句非常受用的话，叫作从“不”开始。我们必须得告诉自己，没有达成交易，也没有关系。谈判和说服如果要成功，要想让自己气场足一些，我们必须记住一句话：“不谈了，又怎样?”

谈判沟通的一个非常重要的基础，是我们可以抽身离开，也就是我们可以选择不谈。谈判和沟通不是乞求的状态。只有我们有更多的选择，能准备随时放弃这次谈判，我们才能让自己更有控场能力。

谈判中，如果我们表现出非常想要某个东西或者结果的时候，我们基本就丧失了控场的能力。

所以消除渴求感，是谈判最重要的原则，没有什么是必须拿到的。

我还想说一下面试这个谈判的场景，我想这是每个人都绕不开的一个类型。

在前面的文章中，我讲了我自己面试被拒绝的故事，我的注视背后，自然是对职位的渴望，我太想要这个职位了，太适合我了。强烈的渴求感让我所有的动作都随之发生了变化，以至于为了表达这个渴望，我最后跟人家说："放心，如果我干不好，我会自己离职，不需要您费劲裁员，我知道我这个岁数，您比较顾虑。"现在想想真是有点过了。被拒绝也是自然的事情。毕竟，乞求无助于谈判，尤其是在"我得让你满意"的象限中。

后来，我意识到这个问题的严重性。我如果不能消除对一个岗位的极度渴求感，恐怕结局只有一个。而谈判中如果没有"plan B"，继续就不能解决这个问题。"plan B"不仅仅是有一个候选的方案，让我们有更多的方法和方案去拿到自己想要的目标，反而是给我们一个方案，如果我们不要这个东西又能怎样。这个世界没有什么是必须的，所以为什么只有这一个东西或者事情适合你呢？所以，其实我们不仅仅是有备选方案，而是应该有更多的平行的选择。

只有更多的选择，才能消除对一件事的渴求感，而只有消除了渴求感，我们才能在控场和气场上更有机会。

后来在网上读了一篇古典老师文章，让我豁然开朗。面对非线性的复杂的黑天鹅事件频发的世界，我们每个人的职业生涯都有如下几个选择，也就是我们在面试这个谈判场景中，得有如下的选择，才能让我们不至于失去掌控。

A方案，在现有的行业的和领域上继续好好做，努力在一个领域和一个市场进入前20%。如果继续做这个行业，放眼望去自己的市场都有谁，和他们比，怎么能进入前列？

B 方案，如果我不做这个行业的话，有什么新的机会，新兴的行业可以抓住，是否可以在新的行业从头开始，最后去弯道超车？

C 方案，自己有没有一个疯狂梦想？比如环游世界。如果未来几个月没有工作，能不能饿死，能不能趁机去做这件事情？

Z 方案，保底方案，底线在哪里。有一些积蓄，不工作也不至于饿着，如果我去做一个外卖员，或者去摆一个小摊，是不是可以，或者我去一个职业学校教书，一个月 4000 块的收入是不是也可以？对我来说，这么多年，“大厂”的工作确实让人心太累了，我也想歇歇，所以肯定是可以的。

我知道我其实有很多选择，我不渴求某一个岗位，毕竟 A、B、C、Z 不是依次选择机会，我做哪一个都会觉得很有意思。

所以，我开始从容地读书，从容地面试，很谦虚平和，也不卑不亢。结果，疫情刚过，企业都开始招人，很快我拿到了 2 个“大厂”和一个成长型公司的 offer，而且级别和收入都不比原来差。

商业上的和国家之间的谈判更是如此。为了选择可以不谈，国家之间经常发动一场战争，公司之间也会发动一场市场份额的商战。打到一定程度，才会坐下来谈一谈，战败的一方当没有选择的时候，谈判也只是出让更多的利益而已。

如果我们在进行一个平等的商业谈判，我们发现很难谈拢的时候，恳求肯定是没有用的，这个时候我们需要做的可能是如下的事情。

·如果不谈了，最糟糕的事情是什么？问一下自己，是否可以接受？

·拿出并行的B、C、D方案看一下，是否准备好了，要不要启动？

·对方能有什么备选方案，他们最糟糕的方案是什么？提醒对方，我们为什么要到这里，目的是什么。

·然后坦诚地告诉对方你的备选方案，可以越具体越好。

·提醒他们关注自己的备选方案，提醒他们，备选方案是否可以满足他们的利益。

·最后，让他们知道如果不谈了，后续你会做什么事情，会有什么后果。

本章回顾：

·并非所有的谈判场景都需要我们显示自己的力量和强大，需要我们掌控局面，为了利益最大化，在“你得让我满意区”恰恰相反，我们需要尊重对方的权威，让对方显示强大。

·在“我得让你满意区”为了我们的利益最大化，我们反而需要不放弃对局面的掌控，展示自己的专业和权威。

·在需要掌控的谈判中，如果对方先试图控制，我们需要在表示认同和服从的情况下，通过轻微的抗拒和拒绝，表明这里是谁说了算。

· 掌控局面的前奏是让对方处于对你有利的认知状态中，如果对方是在认知放松状态（让对方感觉到一切顺利，没有障碍），这通常对你非常有利。然后，在需要对方冷静思考的时候，让对方启动理性系统。

· 利用言谈举止来提升自己的控场能力，是有一定的效果的。

· 只有找到自己所谈的事情的意义，才能从内到外地增加控场能力。

· 消除渴求感，是让谈判不失去控场的重要因素。

第六章：沟通技术
(communication skill)

进入“cat 环节”的目的和使命

在“pup 环节”，我们从三个板块入手，通过合理潜意识的预说服的操作，为开始的谈判铺平了道路。当然如果不注意“pup”这些预说服的知识，或者反而为之，接下来的内容虽然受用，但是仍然可能让你困难重重。不要忘了，“汪星人”的特点就是让你喜欢它。

从本章开始，我们就要进入一来一往的谈判和说服别人中的具体场景了。接下来的三章，我们会从谈判和说服别人中最关键的说话沟通的技术、合理的策略、以压轴的明确目标三个重点板块入手，我们叫作“cat”，也就是 communication skills、advisable process、targets。

“喵星人”是以自我为中心的，满眼都是自己，谈判也是为了自己的利益最大化，一旦开始谈判，能关注的必须也得是目标怎么实现。

从本章开始，我们开始正式好好谈谈。我们这时候要跟“喵星人”一样，为了目标，使用让对方同意和支持我们的办法。“pup”很多时候是在讲如何利用非理性的，那么“cat”会用理性的办法吗？

并不是。

即使谈判开始后的三大板块，我们依然是在人类利用非理性的特点。

谈判和说服本身指的就是双方坐下来谈谈。沟通自然是谈判的核心环节。

大家大都看多了侃侃而谈、妙语连珠的谈判场景。无论是古代诸葛亮的舌战群儒，还是 2023 年 3 月全网热搜的 TikTok 美国总裁周受资出席美国国会听证会舌战美国议员后的迅速出圈。

这些事例都好像是在说，谈判沟通技术的第一位，是不是我们特别会说，说得特别有逻辑，有道理?

对不起，并不是。

我们上面说的诸葛亮和周受资，只是所出席的场合需要他们侃侃而谈而已。谈判中并非如此。谈判和沟通的核心，依然是让对方愿意执行你的方案，实现你的目标，而不是简单地被你说服。

6.1　谈判中沟通的核心是“听”

亲，夸夸其谈，巧舌如簧，会害了你的说服和谈判，而你的耳朵才会帮你。

这个世界上愿意说的人太多了，愿意听的人却很少。但是大部分教授沟通的内容都会告诉我们，沟通的核心是如何倾听。谈判当然也是一样。

生活中大家聊天或者互诉衷肠时，对方向我们倾诉表达，并不一定是为了得到我们的建议或者意见，可能仅仅是希望从我们这里获得理解和接纳。我们耐心听对方的，并给出适当的回应的时候，对方就已经非常疗愈，大家的关系也会加深。

谈判中有效的倾听，除了可以让对方觉得自己被尊重、被认可，从而做出同样的反应外，还可以给自己大量的时间，分析对方表达出来的内容背后的需求，整理自己的疑问，让自己处于准备更加充分的地位。

我在这里写得头头是道，可实际上我并不是一个很好的倾听者，我也因此错过了很多谈判的机会。跟我熟悉的同事都知道，职业初期，如果和我一起去进行一个商务谈判的时候，只要到我发言了，对方和跟随我的同事，基本就没有“说话”的机会了。到最后，一般我都会说到嘴角两片唾沫、嗓子发干方能罢休。通常我说得很有道理，也很有逻辑，也非常能从对方的需求出发介绍我们的产品。但是往往在职业生涯的开始阶段，很多合同就是拿不下来。

倾听

对方表面上连连点头称是，心里却不屑一顾。

想想大象是什么样子？有大大的耳朵，嘴巴却很不明显，如果谈判沟通中，我们不能像大象一样，我们就不能取得成功。

6.1.1 我们为什么不愿意去倾听呢？

知乎上有个回答特别好："因为人们只在乎自己。"

樊登老师说是因为我们放不下自己。我们在"pup"那些章节中，提到过很多次，我们人类判断一个人的好坏，是喜欢还是不喜欢，一个重要的判断标准是是否和自己很像。自己，是我们看这个世界的核心标准。心理学家的实验也告诉我们，在一大堆照片中，若要挑出一张最顺眼的，大部分人会挑出刚刚对着镜子拍的那一张。

如果要让我们先放下表达，去认真倾听对方，就会意味着我们需要放下自己的态度，融入和接受对方的世界，这是很难的。

除此之外，从行为学上来看，我们人类对掌控感有一种强烈的需求，在能够掌控的时候就会表现得比较愉悦，而失去掌控的时候，就会感到抓狂。谈判中，自己在滔滔不绝的时候，我们会认为我们是掌控局面，我们会认为自己是安全的，甚至是愉悦的。这就是为什么我们很多人会越说越兴奋，神采飞扬，眉飞色舞。而当我们在那里默默听的时候，我们好像失去了掌控的局面，让我们貌似处于很被动的状况，这显然不是我们希望的。所以我们往往会着急反驳对方，着急打断对方。

6.1.2 如何开始在谈判中去听？

我认为这真的不是认知的问题，道理都懂，落地都不行。所以核心是做到的问题。

如何做到呢？唯有一个工具加连续小胜利。

什么工具呢？我们在上面几章已经出现过两次的清单卡片。清单，是对抗非理性的最好的工具。

倾听记录卡

倾听记录卡	
目标：	
倾听目标(次数)：	
倾听目标(时常占比)：	
融入对方的次数：	
自我感受：	

每次重要谈判的时候，请在自己的笔记本上画出如上列表，甚至可以自己动手做一个谈判笔记本，这个本子的主要功能就是记录谈判的过程。那么在每一页的开头处，都可以自己手工画上如上表格。当然，我知道，一旦开始说话，就没有多余的精力再去记录，所以，这个时候如果我们有一个同事或者朋友帮我们，事情就会容易很多。

有了这个工具，我们需要做的就是连续的小胜利了。第一是先设定一个小目标，先动起来。

比如先从一次倾听开始，从倾听一分钟开始。

为什么很多事情做着做着就喜欢做了呢？

我们大脑中有一个很小的区域叫伏隔核，它跟海马体、杏仁核等都属于边缘系统。伏隔核管什么呢？它管着我们对一件事情的干劲和兴趣。也就是，如果我们对一件事情有干劲，伏隔核在当下是兴奋的。怎么才能让你的伏隔核兴奋呢？只要你开始干，就能刺激到伏隔核。这个在心理学叫作行动兴奋。所以，不想干怎么办？最简单的办法就是先开始干，干着干着就能让伏隔核兴奋起来，兴奋起来就有可能越干越有劲了。一旦动起来，我们先完成自己定的小小的目标后，我们就会保持行动兴奋，我们的大脑就开始分泌多巴胺、内啡肽等让我们开心的激素。而这些激素又会持续地引领我们想要更多。

然后每完成一个小目标给自己一点奖励。

我们不需要永远依靠外在的奖励，很多时候，我们自己也可以奖励自己。

我在开始的时候，定的小目标就是，如果一个沟通中能倾听对方超过 2 次，每次超过 1 分钟不打断，不说话，只做回应（比如记录，点头等），我就奖励自己可以买一个钓鱼装备。要知道，从有限的零花钱中让自己去买比较昂贵的钓鱼装备是需要一个推动因素的。

有了工具，有了持续小胜利，中国人叫积小胜为大胜，也就慢慢实现了最终目标。比如，现在我基本上可以做到很好地倾听对方的表达，只做引导，做反应，能控制住以自己为中心的欲望了。

(1) 一个倾听的高效工具

在这里，我仔推荐马克·墨菲在《用事实说话透明化沟通的 8 项原则》[①] 中的一个沟通模型，叫作“Fire”。

“Fire”也是由四个字母组成，每个字母代表一个步骤，这也是一套操作手册，谈判的时候我们拿出我们的谈判笔记本，在纸上画出 4 个象限，分别如下。然后我们记录对方表达的事情，并把它们分别放入相应的象限中。

第一，沟通中，当对方在表达自己的时候，我们首先需要分辨对方说的哪一些是事实（Facts）。这一点其实并不容易，因为对方很容易表达很多虚假需求和事实。我们必须得知道，事实是确实存在或发生的事情。它具有五个特点：具体、公正、客观、不带感情色彩和及

---

① （美）马克·墨菲：《用事实说话 透明化沟通的 8 项原则》，吴奇志译. 人民邮电出版社，2019。

时。其中及时的意思是：不算旧账，就是当下的事情。

第二，解读（Interpretation）。一个事实发生时，我们都会对此进行解读，从而得出这一事实的目的或意义。这些解读建立在个人的经验和知识上。有时它会迎合我们的喜好，有时它是带偏见的解释。比如，生活中典型的例子就是若不接女朋友的电话，就会被女朋友解读为“不爱她了”。

实际上，解读这个动作，是影响我们感受的最重要的过程。对于同一件事情，不同的解读方式，是造成我们感受不同的核心原因。

第三，根据解读的结果，出现的反应（Reaction）。

反应大部分不是事实造成的，而是由我们对事实的解读造成的。

第四，经历情绪反应后，是我们期望得到的结果（Ends）。我认为结果包含两部分，包括目前这些反应已经造成的结果，也包括谈判中我们想要的结果，也就是我们想要的目标。

有了上面这个工具，有了我们本子的记录，我们就会在谈判过程中，拆分清楚对方说的事情。我们才会有机会了解清楚对方的表达哪些是事实，哪些是对方的解读和反应。我们才能有针对性地去处理和设计方案。

我们要关注什么呢？

关注事实，聚焦事实，我们要处理对方解读带来的情绪反应，但是不要把对方的解读、反应结果与事实揉在一起处理。

我们来看一个真实的故事。我在前公司的人力搭档是一个非常不错的同事，我非常喜欢与她共事。当然，我们因为视角和立场的不同，我们日常工作的沟通和谈判中会有很多的争吵。过去我发现对她我总是负多胜少。后来使用这个工具后，我发现我胜出的概率大了好多。

那段时间，公司要减少一个团队 HC，其中有一个人，我觉得非常不错，值得争取。于是，我准备跟我的 HR 再谈一下这件事情。

那是一个雨夜，电话一直没有接通，我就只能给她留言："对于张三的去留问题，我想再争取一下，这个人能力不错，工作意愿也够，日常投入很多，如果这次调整就裁了，挺可惜的。你能否再帮忙问问其他部门有没有空岗，能不能帮他找找岗位。对这种同事，我还是有情有义一点。"

2 个小时后，我接到她电话，我才知道，她的航班晚点，刚刚落地。

"我已经帮他问过别的部门的 HR 了啊，还要怎么有情有义？"我能感受到，对方非常愤怒。我也能知道在这个时间，航班晚点 2 个小时，没有吃饭的旅途已经消耗掉她大部分的意志力，发怒非常正常。

"我不是这个意思，我的意思是……"

"你什么意思？你凭什么说我不作为？你凭什么认为我就没干？你再这样，我怎么跟你好好合作？……"她说了很久，我认真地听着，没有反驳，我找来一支笔和本子，画了一个十字框。

事实：她已经联系了别的部门的 HR，但是 HR 给的答案应该是没有机会。另外的事实是 HR 也需要通过部门的负责人确认有没有人员更换的需求或者有没有别的机会。她应该还没有找到部门负责人，只是找了 HR 而已。

解读：说她不作为，不努力。

反应：她现在很生气也很暴躁。

结果：跟我合作很不开心，不想继续跟我搭档了。

“我能感受到你非常生气，这个时间应该还没吃饭，挺累的吧。”我先处理情绪。

“可不是嘛，飞机晚点了三个小时！破航空公司也不给发餐，你能受得了吗?”

“我也受不了，我估计我会更火，而且我给你文字说那些，肯定不是你想听的，因为你已经努力过很多了。”

我能感受到对方平静了下来，然后我说：“这样，咱们明天上午约个小会，我们看看还有没有别的可能好不好。”

对方有点开心地说：“没有问题，其实我也觉得那个员工很不错，我们再想想办法。”

你看，我没有去跟她反驳和争吵我没有误解，是她无理取闹，我也没有去评价她为什么生气，这不是很正常的业务讨论嘛。我知道我是她，在那个时候也会生气。我也没有指责她因为这点小事，就说我们合作的问题。我记录了下来，接受她的反应，但是把精力放在事实上，去解决问题。

有人说，情绪稳定是一个中年人在职场的核心技能。如果要实现这条，只有关注事实才能帮到你。

⑵ 一个倾听的妙招：同理心

我们在按照上面的“Fire”模型记录的时候，我们可能会发现一个问题，对方表达的全都是解读和反应，甚至是不靠谱的解读和感受。这个时候，我们的身体内，又开始涌起一股股的冲动。我们想要说话，想要反驳他们。

千万不能反驳，也不能评价。你得忍着，先好好听。

请控制住，再在本子上写两句话：“此刻他的感受是什么？他的需求是什么？”

这也是我们耳朵都听得起了茧子的一句话：“换位思考。”但是，我想提醒大家，我们可能对换位思考有误解，换位思考不是我们站在对方的角度上去思考，并且觉得对方这么说是有道理的。这是不可能的，也是做不到的。你没经历对方的生活如何站在对方的角度思考。换位思考仅仅是我们有办法去理解和表达出来对方的感受。我们也能接受对方的观点和行为。接受不代表认同，只是我们认为人家有人家的做法，无须事事跟我一样。我们不需要认为他们的这个感受是对或者是错，我们也不需要表达我们支持还是反对，我们只需要能知道他现在的感受，而且如果我们有机会能表达出来他现在的感受，对方就会立刻感觉好很多。

我们的判断也可能是错的。这没有关系，情商高的表现之一就是这里的描述准确度上更高，而情商又可以通过训练被提升。

日常工作中，我需要跟很多不同的人沟通，由于大家都是站在自己的立场上，很多时候很难谈拢，而且往往大家谈着谈着就激动起来。这个时候我一般都会试记录下对方可能的感受。

在我开始说话之前，我通常会先说："同学，你现在应该非常失望/生气，或者我想你现在应该对我们的想法很是无奈。"

这个时候，对方往往就会立马调整自己的状态。不信，你下次可以试试。

6.2　会提问才有机会

听，是第一步，也是最重要的一步。但是，很显然不是全部。因为我坚信，我们很难听懂对方所有的问题，也很难理解对方所有的需求。

这个时候我们要干吗？开始表达我们的观点吗？

还不能。

这时候，我们就需要通过提问来确认自己倾听的信息是否准确，是否搞清楚了对方的问题和需求。

还有一个问题，无论我们开始时是多么认真地倾听对方的话，但是当别人说话时间很长的时候，我们就会走神。这很自然，谁也无法回避，因为这是我们大脑的运行机制，毕竟谈判中我们也会想，对方这么说，我们应该怎么回答。

为了避免走神过多，我们就得在对方说话的时候参与其中。参与其中的一个表现就是互动，哪怕是假装互动。好消息是，如果我们假装感兴趣，假装互动，过一段时间，我们可能就真的开始感兴趣。参与其中的最简单的一个办法，就是重复对方的话，我们上面已经说过原理，在这里不再赘述，忘了的读者翻到上面看看。重复对方的话，既是对对方关键词的重复，也是用自己的话把对方的观点描述出来。

谈判中提问也有很多办法。下面我们推荐一个比较受用的方法，也是很多谈判专家经常用到的方法。

6.2.1 问在前面

提问固然是帮我们搞清楚对方需求和目的的重要途径，但是，如果我们把所有信息确认的工作都放在谈判现场的提问，我们基本上会在谈判中处于极其不利的局面。

要想谈判取得成功，必须将这份提问的好奇心放在谈判开始前，必须尽可能多地了解实际情况，虽然并不是所有的都是可知的，但是会让我们避免措手不及。

那么事前我们都应该问哪些问题呢?

我们还得再一次拿出我们上面说过的检查清单。如果我们想搞清楚谈判对手的信息和看法，应该在谈判前通过各种方式拿到答案。

好了，如果这是一个很正式的谈判，请拿起笔来，对自己谈判前的问题打一个钩吧，如果对某些问题处于不是很了解的状态，那么请想办法了解吧。

谈判前的问题清单

		高	中	低
对方对谈判的看法,你了解的程度如何?	对方基本信息,包括但不限于人员对谈判的态度、背景、风格、爱好、习惯如何?			
	对方怎么看待自己的产品?			
	对方可能的目标是什么?			
	对方能接受的底线条件是什么?			
	之前有无谈判,若有,对方提出过什么问题?			
	对方谁说了算,决策流程是什么?			
	对方最近状态如何,心境如何?			
	对方对我们是不是有意见，如果有,问题是什么?			

6.2.2 来不及准备、毫无头绪的时候怎么办？

生活中的很多沟通和谈判说服的场景，我们无法提前好好准备，因为谈判的场景突然就会发生，我们只能依靠现场提问确认信息。这个时候，我们往往会一头雾水，我们需要信息，但是不知道从哪里开始提问，不知道如何开始提问。

这个时候，我们就推荐很多谈判专家，包括很多的管理顾问、教练习惯用的一个方法——漏斗式提问法。

第一步：开放间接问题。

先问对方关于这个谈判的相对开放的问题，并且不需要直奔主题。比如如果是商业谈判，最简单的开放间接问题就是：最近生意好做吗？有什么困难吗？我看你们的增长非常好，你们做了什么事情吗？你怎么看我们这个产品？

如果你在买东西，你想知道对方的销售政策，开放间接的问题包括：你们怎么看我这种没啥钱又特别想买你们品牌的用户？你怎么看你的竞争品牌的促销行为？

开放间接的问题，帮助我们在没有准备的情况下，临时了解对方的价值观和思考方式。我们需要通过这种问题来看到对方怎么看待我们，怎么看待这次谈判，从而为谈判做好相应的应对准备。

第二步：开放直接问题。

通过第一步，我们已经大概知道了对方的兴趣或者态度，我们需要在这些内容中挖掘机会，并且通过提问开放直接的问题来了解更多服务谈判的目标。

比如对方可能提到最近生意不好做，开放的直接问题就变成：你觉得什么原因导致了生意不好做？如果对方对我们的产品觉得一般，开放的直接问题就是，是哪个方面让你觉得特别不好，影响了你们的体验？

第三步：探讨性问题。

这是对开放直接问题的谈判，我们需要详细搞清楚对方认为怎么做会更好，让他们发表意见。比如："是否给点建议，关于刚才说的这个产品的这些方面您对我们有什么改善的建议？""如果我们想让生意在下一个季度好一点，您觉得如何做更好？""如果我想 8 折买到您的产品，您觉得我有什么办法？要怎么做？"

第四步：封闭定向问题。

"你会不会同意？你支持吗？你会帮我说服你老板吗？"在这里，我们除了让对方就一个问题给出封闭的、是或否的答案外，我们尽量让对方明确态度并给出承诺。毕竟我们人类有一个特质，就是承诺和行动一致的习惯，承诺的事情去做的概率要远大于不表态的情况。

有一年的旅游体验，一个出租车司机的做法，让我感受深刻。

早上我们打车去丽江的玉龙雪山，那个地方远离市区，我担心回来的时候不好打车。我就问出租车司机："师父，回来好打车吗？"

"不好打，人太多了，不过你可以提前给我打电话我来接你。"

"滴滴也不好叫车吗？"

"不好叫，你想在那里排队吗？"

"不太想。"

"那你提前40分钟给我打电话吧，我来接你们。"

"那可以啊。"

"你确定会给我打吧？"司机看似平淡地问道。（想想我们之前说的承诺和一致。）

"那肯定了。"我很郑重地说道。下山的时候，我发现其实很多车在排队，叫车也特别快，基本是秒接单。但是我想到了上午的承诺，我觉得不能欺骗一个辛苦的劳动者，我只能拿起电话给上午的司机打电话，并且等了40分钟，让他来接我们。

最后，我们还需要把自己的理解，用自己的语言跟对方确认，以明确我们的理解是对的，大家是在一个频道上的。

在这里，还得强调一下，我们很多人包括我自己，非常容易做一件事情，就是提问完一个问题之后，如果对方没有马上回答，我们就会引导，提出假设性的问题，让对方回答。而此举不会让我们得到对方真实的想法和需求。

6.3　谈判和说服中的表达要让对方爱听

亲，谈判说服中，说话和表达的目的不是为了战胜对方。

在进行有效的倾听，并且通过提问搞清楚对方的诉求后，沟通谈判还是需要我们去表达的，毕竟谈判不是记者发布会，只去倾听和提问即可。

我们要好好地表达我们的观点，通过表达去获取我们的利益最大化的目标。谈判不是你用语言战胜对方，而是让对方愿意听你说的。否则只是赢了谈判，却拿不回结果。这一点很关键，并且需要技术。不信，你想想，自己说的话别人愿意听吗，愿意按照你说的去做吗？如果不是，又是为什么，该怎么办呢？

6.3.1　先处理情绪和营造氛围

谈判中我们表达的时候，其实是两个处理器在工作，一个处理器在处理我们的方案和想达到的目标，而另外一个处理器则需要专门负责情绪的处理。如果没有第二个处理器，我们恐怕寸步难行。因为前三章的预说服中，我们用了大量的笔墨去说明谈判中我们和对手都不是理性的角色。

当然，处理情绪这本身是一个逻辑上的错误，因为情绪有积极的情绪，也有消极的情绪。我们习惯叫作处理情绪，其实是指处理对方的消极情绪，尤其是愤怒和生气。

如何处理消极情绪，我们在第四章的4.3.1节中已经详细讲过，在这里不做赘述。

6.3.2 提升对方兴趣，表达有窍门

我们一定见过电影中那些从日出谈到半夜的谈判桥段。上面我们也说了，这是利用对方的疲劳和无法正常的理性思考拿回的结果，属于另外一种策略。但是，我们在这一节讲的是如何让对方对你说的话感兴趣。为了实现这个目的，我们得忘掉上面的桥段。

(1) 短

我们的观点一定要短。对方的大脑不会多给你几分钟的时间。想想我们自己听别人说话时，每当遇到对方长篇大论时，我们自己能注意几分钟？我们早已经开始准备自己怎么说，自己怎么回答，对方的声音已经成为背景音。

美国研究人员在大量的注意力训练中得到结论，人类的注意力通

常只能维持几分钟，之后就容易走神。并且在20分钟后我们的注意力就开始逐步耗竭，随后大脑还会遗忘之前听进去的东西。

所以，说多了，还起了反作用。

①谈判时候先说结论

我们大部分人说话都不是结论先行。而是先讲一堆论据，把自己想表达的结论藏在论据或者结尾中。要改变这一点，肯定不容易。我们唯一能做的就是尽量拿一支笔和本子参加正式点的谈判，并把想表达的结论先写到本子上。告诉自己先把这个写的结论说出来，再去论证自己结论。

②论证只说最突出的2个以内的亮点

为了表达自己的观点或者展示产品，自己的观点为什么对，我们就会说自己的东西为什么好。这个时候我们恨不得把所有好处都跟对方说一遍。但对方感受的不是我们成就的总和，对方也记不住，这是人的本能。所以如果想让对方对你印象深刻，只需要告诉他不超过两个的超级亮点，如果你非得在这些亮点后面加上那些平平无奇的表现，对方恐怕也只会认为你会平平无奇。

在面试这个常见的谈判场景中，这一点更是明显。因为面试官最常问的一个问题就是："请介绍一下你自己。"

我作为面试官的时候，每次问到这个问题的时候，大部分的求职者就会从自己叫什么开始介绍，然后慢慢地开始讲述自己简历上写得很清楚的工作经历，仿佛在带着我通读一遍简历的内容，到最后相信大部分的面试官和我一样，没有特别注意对方。

直到有一天，我遇到了一个小姑娘，她的回答一下子引起了我的关注和兴趣。

“我高中是一个体育生，但是，我以普通考生的身份，考上了山东大学。我毕业第一份工作做了三年，这三年我们部门的收入从每年300万提升到5000万，我也从普通的员工提升到主管的岗位。”

然后她停顿了一下，很温柔地说其他信息简历上都有，就不多说了。

你觉得我会好奇吗，会感兴趣吗？会感兴趣哪里呢？

还记得，我们之前讲过的光环效应，也叫作晕轮效应吗？当我们被一个人或者组织的光环所笼罩的时候，我们就很难客观地看其全部。“见其一点，不及其余。”喜欢一个人的一点，就会觉得都很不错。而对方的某个特别突出的特点、品质，就会掩盖人们对对方的其他品质和特点的正确了解。这种错觉现象，心理学中称之为“晕轮效应”。

还有，影响力的研究专家罗伯特·西奥蒂尼也反复强调，对于人们来说，突出的东西就是重要的东西。我们人类容易为凸显出来的事情分配不恰当的权重。

所以记住，如果我们想让对方对我们说的事情保持兴趣，我们必须在几分钟内完成自己想表达的内容，多了也没有用，毕竟我们的大脑就是这么工作的。

⑵ 变化和紧张

谈判中多巴胺依然在发挥重要的作用，它驱使着我们去取得谈判的胜利，拿到谈判的结果。同时也牢牢地操控着我们的兴趣和注意点。

“新奇的，没有听过的，之前不知道的，有意思的。”每当这些信息出现的时候，就代表着有机会获取更多，哪怕是知道一个信息也是得到更多。于是这个时候，多巴胺就开始大量分泌。

谈判和销售中新奇来自哪里呢？如果你在销售一个客户从来没有见过的酷炫的高科技产品，我们不需要说什么，对方就立马被多巴胺驱使着来了兴趣。但是如果没有这些，或者我们就是平常谈一个事情，我们如何能让对方感觉到有意思，从而开始关注呢？

相对于静态的信息，我们跟捕食的青蛙一样，本能地关注动态的东西。

为什么我们喜欢听变化的事情？

支配我们的兴趣的内在原因之一，是我们内在激素的变化，其中支配我们想要更多，对未知的事情好奇的激素是多巴胺。当然，这些年，这三个字已经妇孺皆知，人们都认为它是快乐激素，但实际上，它只是贪婪地带领着我们人类去探索更多，获得更多。

心理学家研究发现，我们大脑中有一部分区域会专门把注意力放在探测变化上。这是我们原始的本能，毕竟我们的老祖宗们在原始社会需要时时刻刻地关注周围环境，才能生存下来。而关注的重点是那些运动的东西，因为这往往代表了猛兽或者其他危险。我们想想，哪怕是今天，我们是不是依然很难找到手机或者钥匙，我们需要不停地翻来翻去，而我们可以非常迅速地找到一只在屋子里飞的鸟甚至是苍蝇。为什么呢？因为手机的位置是不动的，而鸟是运动的。

了解了这些，我们来看看谈判的时候应该怎么说。

比如，你现在需要和你的老板谈一谈薪水的问题，你希望老板在下一次调薪的时候应该考虑到你，因为你通过内幕消息知道你的薪水跟别人比并不高。

我们来感受一下下面两种表述，哪种会引起对方的关注。

方式一："老板，您对我的工作认可吗，如果认可，您看我的工资基本上是在比较低的区间的，不知道是否有机会调整一下呢？"

方式二："老板，我已经在这里工作两年了，这两年，我的业绩已经从 100 万达到了 1000 万，我不知道您对我的工作是否满意，我也看到公司已经开启了调薪的窗口，同时，我看到我们公司的同样岗位的招聘信息的薪水也从原来 5 千到 8 千改成了 6 千到 10 千。我不知道这次调薪是否有机会呢？"

你觉得哪一种会让老板更加重视?

工作的时候，有一个销售，我们发现他对有些不跟我们交易的客户的攻坚结果是最好的，很多常年不合作的老客户，在他负责后与我们慢慢地建立了合作。

后来，我去陪访，发现他有一个特点，他每次都会选在有变化的时候去拜访这个客户。并且，他会把这个变化告诉客户。他会说："对于我们公司的产量和地位，过去几年没有大的变化，我知道这很难让您给我们机会，不过最近事情有了转变……"

每当这个时候，我发现客户总会把头探过来问："那你说说，啥变化?"

⑶ 有危险

罗伯特·西奥迪尼在《影响力》和《先发影响力》中指出，对方的注意力是有开关的。其中，性、危险和定向反应是打开对方注意力的开关。同时有六个武器可以控制对方的注意力，这包括互惠、喜好、权威、承诺兑现、稀缺以及社会认同。这些武器通常可以激发对方"同意"的概率。这些因素我们其实在"pup"这一版块已经说过，只是把大师的观点放在了谈判的预说服这个场景中。在谈判沟通中，通过关注人，承认非理性构建气场在还没谈判之前就取得胜利。

这一章，到了上谈判现场的环节，我们依然需要用到西奥迪尼的注意力的开关。我们说说开关三个因素中的"危险"。毕竟，如果作为异性的你已经很性感或者很帅，或者非常迷人，我们不说话，也已经打开了开关。

谈判时候的有危险是指让对方感受紧张。当一个人紧张的时候，他就会对眼前的事物保持高度注意力。

怎么才能让对方感到紧张呢?

谈判中最常用的是让对方感到会失去什么，错失什么。你看我们在买东西的时候，经常被商家忽悠说最后三件，今天促销最后一天，或者他们直接把库存写在网站上，让你看到当库存数量的字开始变红以后，你就会不顾一切地下单。因为会担心失去这个东西的拥有机会。

在商业谈判中，或者一些商业销售过程中，很多销售人员已经把这个套路运用得滚瓜烂熟。（后面的策略中我们也会具体介绍）比如，我们提供的优惠促销只到今天。比如，中介会说另外一些人也想要这个房子，今天又增加了好多组带看。这一切都是在让我们紧张，从而注意力也会被调动。

⑷ 固定陈述套路

请注意，让对方感知到危险，只是我们让对方感兴趣、提升注意力的一个方法。但是绝对不能一直用这个方法。他们可以因为怕失去而提升兴趣，但是绝对不能整个谈判都高度紧张。因为，一旦持续紧张，对方也可能产生要么跟你辩论证明你说的不对（打），要么想尽快离开这个是非之地，不想再跟我们谈判（逃）。

就谈判而言，这些都是极度危险的。

所以，为了拿到我们想要的结果，我们在整个谈判过程中，大原则应该还是遵循，不启动让对方本能回避危险的表达方式。也就是让对方尽量在多数时间内处于认知放松的状态。请注意认知放松不是状态的放松，而是指大脑大部分时间在用本能系统工作。没有遇到障碍，没有新情况，没必要投入注意力和更多精力的情况下的一种状态，通俗地讲是我们对于熟悉的事物会减少思考，更容易直接相信熟悉的事物的状态。

比如我们听到那种朗朗上口的歇后语，或者几句押韵的话，就会感觉这比那些乱七八糟的表达更加让我们相信。这些都是认知放松的状态。

谈判中，如何让对方处于认知放松的状态，是我们 pup 前三章中重点讲的内容。就如何表达更容易让对方处于认知放松状态，我们推荐大家固定一套表达方法，这对于那些经常参加谈判工作或者从事销售的人尤其重要。

“我知道，市场上的×××产品满足不了您的××需求，这很让人不悦，我们的产品能为您提供这个问题的解决方法。他是×××这样的。不像竞争对手产品的×××特点，我们产品的差异化和优势是×××。”

请注意，为什么好用呢？秘密不是这套方法多科学，而是当你习惯了用一套方式去表达的时候，自己就会轻车熟路，就会放松。当我们放松和笃定的时候，对方就能感知到。同样，当我们磕磕巴巴，东一榔头、西一棒槌乱说的时候，我们自己也会觉得发挥很差。

所以，你大可不必非得用上面的陈述方法，你可以有自己的科学的表达套路，能让对方很容易听明白，并且解决掉他们可能的问题。

⑸ 会讲故事

在谈判中，大部分对手喜欢听的可能是故事，而不是一堆复杂的数据分析。虽然很多人会告诉你，他要数据，但是相信我，那只是他决策的因素，而不是想听你讲话的理由。一个精彩的故事，相比一个花里胡哨的 ppt，更能引起对方的兴趣。谈判中如果我们会讲故事，一定会更有助于对方好好地听我们的表达。

令我印象特别深的是我之前的一个副总裁，一个东北大哥。那一年，我准备更换工作，于是提出了离职，完全没有顾及这个大哥刚刚上任的情况。可能是大哥很在乎团队的问题，也可能是觉得我自己本身还不错，在接到我的离职申请电话后，大哥说："先不着急，你等我飞到你的城市，我们谈谈再说。"

那是一个风雨交加的雨夜，在飞机晚点 4 个多小时的午夜终于还是见到领导。大哥坐在餐厅中打开一瓶啤酒，平静地说道："抱歉，兄弟，让你久等了。我们飞机两次快落地的时候，又拉了起来。"

我的困意立即云消雾散，赶忙问发生了什么。

“我都看到机场的草坪了，但还是无法降落，飞机都抖得厉害，我座位旁边的那个人已经哭得一塌糊涂。台风带来的雨太大，无法正常降落，我们只能被通知降落到邻近的城市，在那里停了1个多小时后，我们又重新起飞，结果到了这里还是快降落的时候又突然拉起，我也觉得快挂了。”

后来呢？我惴惴地问道。

“你回答我一个问题，如果这一次，我因为来跟你谈这个事，掉了下来，你会不会后悔？”

我觉得他不是在用苦肉计，而是用了一种叙事模式，一种讲故事的模式，那就是把人扔到荒野中，加入野兽的威胁，看看他能否化险为夷。我的注意力被故事吸引的时候，也就是关注他的时候。从那一刻，我才发现这个平时对我们超级严厉的人，原来也是有情有义的大哥。没有这个故事，我没法对他的行为关注太多。

午夜的那顿饭，我感觉除了道歉，也不能再说什么。我没有离职，全力以赴地跟着这个大哥工作，直到他离职去了另外一个地方。

本章回顾：

· 在谈判的沟通技巧中，核心是倾听，而不是发言。如何倾听呢？我们有结构化倾听的方法，也需要清单去逼着自己训练，否则按照我们的本能，我们是不会很容易听别人说的。

·提问是我们进一步获取信息的有效手段，我们尽量要在谈判之前就了解可能出现的问题。如果不得已没有准备好，我们也需要有效的工具去提问，我们推荐漏斗式提问法。

·到我们表达的时候，要知道表达的目标是让对方爱听，而不是证明自己的口才有多好。通过提升对方兴趣的几个关键因素，包括短、强调变化与紧张、让自己有常用的说话结构，和讲故事的方式，在我们说话的时候，让对方把注意力放在我们想表达的内容上。

第七章：合理的流程（advisable process）和谈判策略

亲，我们可以不用策略，但是我们得知道对方用了什么计谋。

终于到了很多人期待的环节，上面讲那么多有的没的，谈判到底有什么策略？我到底应该在谈的时候使用什么招数，甚至是酷炫的大招？说实话，这一章反而是我最不愿意写的，这个社会已经充满了套路和策略，我们为什么不去简单点呢？后来想想还是得写。原因有二。

一是，你不用别人也会用，我们不用也至少得知道别人是怎么用在我们身上的。

二是，很多道理确实可以让我们通透，但是到了用的时候，那些刀光剑影的能记住和被使用的大概率还是一些具体的方法，而不是道理，尤其是对于新手来说。

我想说，上面的内容就是最有用的招数，虽然它们并不那么适合表演。如果马上到来的这一章是一个武术表演套路或者武术招数的话，上面几章的内容是体力、耐力和抗击打能力。没有上面的内容，这一章就是俗称的花架子。

当然，还是需要学一些招式，学一些套路。有了内功，有了基础，还是需要一些一招制敌的办法，尤其是当我们的谈判对手深谙这些谈判路数的时候。我们不一定非得用这些策略和路数，至少，我们应该知晓，以防止自己被这些招数伤害。或者，我们并不是每次都能找到两人分橙子的理想分法，一人要皮做蛋糕，一人要吃果肉。而是，大家想要的是一样的。比如我们去买一个东西，商家总是想多赚一些，而我们总是想便宜一些。这些时候，还是需要一些招数。

讲策略之前，先讲两个前提。

第一个前提是，我们要知道，所有的策略都是利用认知本能，使用对方的非理性系统使用本能系统。这些策略用得多了，对方总能感知到。想想如果一个人老是对你用一个套路，你会不会有一天会反应过来？一旦反应过来，你会怎么评价对方？应该是："这个人太狡猾。"

所以，我们需要知道，这些策略对一个人不能用得太多，不能老用。

第二个前提是，在谈判开始之前首先要根据对手的情况选择不同的策略类型。

对手会有什么类型呢？

谈判对手有两种常见的类型，一种是合作性类型，一种是竞争性类型。合作性选手满脑子都是共赢，他们想帮助你实现你的目标，再实现自己的目标，稳固你们的关系。跟他们谈判，将是愉快的、高效的。竞争性选手就是要证明自己很厉害，只在乎自己的利益，就是想让你少获得一点，他多一点。他们就是不讲道理，他们也习惯操纵和隐瞒信息。他们是中国人口中的“不实在的人”。这些可能是他们天生的特质，因为对此他们坚定不移。

当然，还有很多人，他们是处于中间地带，他们随波逐流，有时候共赢有时候又竞争。

所以，当我们面对合作型选手的时候，不需要任何策略，我们好好地配合即可，过多的策略和套路，会让对方这种追求共赢的行为，戛然而止。

所以，我们提出一个沟通谈判总的策略：自己先成为共赢思维的人，然后让对方也成为这种人。

那么怎么让对方也能够追求共赢呢？

· 大部分人会用同样的方式回应别人。我们可以利用这条人类的准则，所以我们需要先做。

· 信任需要一点一点地建立，但是前提是只有信任才能带来信任。

一个海滩实验呈现这个结论。一名研究人员在海滩上游泳，故意把衣物放在沙滩上，另外一个实验人员装作小偷，拿走了男子的衣物。在没有任何沟通的情况下，20%的周围的人会阻止这个“小偷”。但是，如果实验者跟附近的陌生人说："不好意思，打扰您了，能帮我看一下东西吗?"那么阻止的比例将提高到95%。你信任对方，对方就会做出回应。如果对方还不够相信你，那先从小的事情开始谈，一点一点地兑现彼此的诺言，才是重要的方法。

改变一个人很难，我们需要时间和耐心，但是沟通和谈判却又无时无刻地发生。我们一定会遇到竞争型选手，他们就是很难跟你共赢，所以，我们还是需要看一些常规的策略。

7.1 谈判前的策略

准备是核心策略。

亲，你可能不爱听，你要说服别人最重要的准备是"说服不了别人怎么办?"

不要指望靠现场的发挥赢得谈判。在非理性那一章，我们已经告诉过你，为什么我们会不做准备。那么既然知道了，我们都应该怎么准备呢?

还记得4.2.2的清单吗？如果忘了，返回去再看一下吧。这就是准备的一个内容。

也要准备好：如果不谈了还有什么方案。

上面我们说过，增加控场能力的一个重要因素就是得知道“不谈了又能怎样”。而这一切都需要准备。我们需要非常明确地说服自己并给自己方案，如果不能达成一致，谈不拢，我们会怎么办。否则，被动的就是我们。

为此，我们需要做好准备。首先要准备备选方案，这个备选方案，不是怎么和对方达成一致的备选方案，也不是为了达成一致准备的 plan B，而是准备好如果不能达成一致的方案。

费舍尔和尤里的《谈判力》中称，我们需要有“best alternative to a negotiated agreement（batna）”，这是我们谈判权利的基础。但是，现实生活中，我们真的每次都能找到最优代替方案吗？有最好，但是我们至少要准备好最坏代替方案。谈到最差会什么样子？有什么选择？我能不能接受？

我们需要花大量的时间去准备并让自己接受这个方案。尤其是面对重要的商业谈判时。

第二，我们还要努力考虑好对方的备选方案，如果谈判中，对方表现出来放弃交易的迹象，就会给你施加压力，让你让步。如果对方根本不退让，那意味着他们可以不谈。这种谈判关系中，对方就掌握着权力，而你是不得不做出妥协的一方。如果我们知道对方的代替方案，我们可能会识别出来对方是否在虚张声势。

7.2 开局的策略

谈判能获得多少，取决于自己能提出多么离谱的条件。

——基辛格

⑴ 建造氛围

一个融洽的沟通氛围对谈判来说至关重要。尤其是开局阶段。

如果已经忘掉了，我们可以返回第三章，继续读一下。记住拒绝对抗是第一要求，接受和认可是我们的目标。

在这一节，我们重点说开局的其他策略，也就是锚定与反锚定。

设置基准，管理对方的目标期望，这是开局所有谈判高手们都在做的事情。

甚至，美国曾经的外交部长亨利·基辛格说："谈判能获得多少，取决于自己能提出多么离谱的条件。"

⑵ 锚定——千万别忘了提高要价

我很不喜欢跟夫人去逛商场，我觉得这比我跑步和爬山都累。这不是因为走的路多，是因为商家的套路多。自己看得明明白白，但是，一旦给夫人提醒一下，便会导致其反击报复。通常就是："你不想给我买，就直说。”

我们发现商家任何商品总是有一个高高的原价，然后告诉你现在有什么折扣。不仅仅是线下的商场，线上的网站更是如此。甚至第一次来的新客人折扣更大。

他们为什么要这么做？实实在在地弄个原价不行吗？你觉得你因为没有占到便宜，你觉得你没有赢。只有原价高高的，恰好今天被我们遇到了便宜，我们心理就会舒服很多。哪怕我们知道这就是套路，但是就是心里舒服。

所以，谈判沟通的时候，我们尽可能地需要把目标放大，甚至尽可能“狮子大开口”。

比如，你楼下的阿姨们，总是在早上 6 点就开始在窗下跳广场舞。你想让他们别 6 点跳，能不能改成 7 点开始。因为这一小时的睡眠对你来说还是很重要。

你是准备跟他们谈 7 点，还是能不能不要在这里跳？500 米以外的公园是不是更合适？

如果你谈 7 点，阿姨可能会同意。但是，她们会觉得自己输了，凭什么还得听你的？

如果你谈别在这里跳了，阿姨可能也会同意。毕竟她们也很为年轻人着想，走 500 米权当锻炼身体了。那你就如愿以偿。哪怕他们不同意过去，说要不我们晚点 7 点半再来。你是不是也满足了呢？

你看，当我们“狮子大开口”的时候，可能有如下局面。

· 如愿以偿。

· 让我们有了可以谈的空间，而不至于陷入僵局。

· 还让对方感觉自己也赢了，并不是，什么都听你的。

但是，这并不容易。大部分人都不愿意把目标定得太多，原因是怕太离谱而被人耻笑或者羞辱，这种恐惧，会让我们直接说出我们想要的目标。相信我，很多人都不好意思。而一旦这样，上面的三点就不具备了。

(3) 反锚定——拒绝一口答应

亲，如果对方说什么你就立即答应什么，对方可能会感觉有哪里不对，会感觉输了。

假如你和我一样准备在一个城市租一个房子，已经在炎热的夏天里，奔波在各个小区中看了很久，没有特别合适的，要么就是特别贵，要么就是房子很破特别差，要么就是交通并不方便。

突然有一天，中介带你来到了一个位置非常方便的小区，房子很新，装修不错，家具齐全，甚至墙壁的颜色都是你喜欢的，而且房东看起来也很和蔼。

你心中油然升起一种喜欢，中介给你透漏的价格，就是这个小区的市场价格，不高也不低。你掩饰内心的欣喜，问房东多少钱。房东好像是一个知识分子，犹豫了几秒钟后说道：“我看你是个实在人，4000 块 / 月，年付。”你知道，这比中介说的 4500 块 / 月还便宜了 500 块。而且完全在你的预算之内。

那么请问你会怎么回答？

我当时由于感觉这个房子还挺好，加上天气炎热已经看够了，一点都不想再看了。立即脱口而出：“没问题！”

我看到房东的脸上一瞬间划过一丝失落。

为什么呢？对方会感觉，我为什么不报高一点？或者这中间一定有什么错，他为什么这么痛快？

这种感觉的下一步是什么？从本能上来讲，对方觉得自己输了，没有赢。如果对方没有感觉到赢，接下来他可能就想办法找补回来。哪怕从理性上说，对方也拿到了她想要的价格。

如果你很喜欢一个东西，拒绝对方的首次提议或者提价可能很难。因为你担心，它会从你的手里溜走，然后被别人拿走。但是如果一口答应，我们就会让对方感觉不到自己赢了，让他觉得错过了什么。

那应该这么做呢？我非常同意谈判专家罗杰·道森的观点，**不仅不能一口答应，还要毫无例外地退缩一下**，甚至好像自己被吓了一跳的样子。一口答应的结果上面已经说了。而如果没有退缩这一步，对方就会觉得，他的条件基本就可以实现。

比如你是卖手机的，对方问能不能送一个蓝牙耳机。你有两种反应。一是平淡地说“呃，不行。”二是边退缩边好像被吓到了一样说：“蓝牙耳机，这怎么可能，你知道现在的竞争已经让我们没有利润，你看看我们这个店的房租，员工的成本，你觉得我需要卖多少手机，才能不亏钱?”

你觉得买家对这两种反应，会分别怎么想?

再或者，你是消费者，你去买一辆车。销售人员说，这个车，大家都在排队，但是现在可以免购置税，还便宜5000块。你有两种反应。一是你说：“呃，挺好，还能便宜吗?”另外一种是：“啊什么只便宜5000块，没有别的了吗，20万的车只优惠5000块吗? 这么怎么可能，这太离谱了！什么排队不排队的，我又不跟风。”

其实，你自己是知道便宜5000块是可以的。但是对于免费保养、保险、装饰配件这些，哪一种反应会让销售人员更愿意为你争取?

总结一下，开局的策略就是建立良好的沟通氛围和不停锚定、反锚定的过程。我们不能直接告诉对方最低目标，否则对方会没有空间周旋，也不会产生赢的感觉。我们也不能一口答应对方的条件，因为同样的感觉会在对方心里蔓延。

⑷ 开门见山策略

亲，真诚真的是最好的策略。

如果你厌倦了上面的套路，或者你们双方都是谈判的高手了，大家没有必要再搞这些了，那就来点实在的吧。

用我们上面说的共赢的思维，真诚地问问对手，他要达到什么目的，想要什么结果，是最高效的办法。当然，你的对手可能自己也没有想清楚。这个时候我们需要帮他们分析，从而找到自己的目的。

用咱们生活中最常用的说法就是："咱们实实在在的。"

7.3 过程中的策略

谈判说服不是自说自话，更不是什么事情都需要听一方的。

我们不能忘了，谈判本身就是达成共识的过程。我们无法每时每刻都让谈判顺利进行，更没办法让谈判一帆风顺。我们会在过程中遇到各种各样的问题。

既然要达成共识，我们就不能忘了让步。而在开局之后，谈判过程中的核心策略，就是为了达成一致而进行的让步的策略。

(1) 感觉大家谈不下去了，差异太大时的策略

罗杰·道森在其《优势谈判》[①]中，把谈不下去这种场景分为三种。并不是所有的谈不下去的情形都是真的。

第一种谈不下去叫作僵局，其实就是我们就某个立场产生巨大的分歧，而且这个分歧已经影响到谈判的进展。

比如一个餐厅老板，每天起早贪黑，辛苦经营着维持生计。疫情

---

① (英) 罗杰·道森：《优势谈判》，迩东晨译. 北京联合出版公司，2022。

下你很需要外卖这个方式经营，这个时候某互联网外卖平台过来找他谈："你必须跟我做独家，否则佣金就需要提升到28%。"而你并不想只依附某个平台被人"绑架"，但是更不想支付这么高的佣金，因为这会让餐厅毫无利润。

你会觉得这是死胡同，没法弄了，跟这些可以控制市场的大公司，有什么谈的？其实这只是一种僵局。互联网平台业务人员的绩效考核目标和你的需求，发生了分歧而已。

这种情况怎么办？我非常支持罗杰·道森的策略，叫作搁置术，其实就是我们所说的装傻，顾左右而言他。

"我很理解你们的策略，我也觉得这没什么不合理的，你让我和我的合伙人一起商量商量，这是个大事。咱们先谈谈别的小的事情，比如你看我这个新的当季产品为什么已经做了广告了还是效果不好，我还需怎么弄?"

"你这个图片不对，促销也不够。我建议你这么做……"这个互联网公司的业务人员跟餐厅老板说道。

这个餐厅老板是我的大学同学。后来他告诉我，他的新产品卖得比之前都好。他和这个公司的业务员建立了不错的私人关系，后来涨佣的事情也不了了之。

但是，我们真的会遇到谈不下去的时候。因为，对方不一定知道谈判这事是需要让步的。

《中国合伙人》这部电影中，黄晓明饰演的成冬青带着两位合伙人一起去美国谈判。就侵权的赔偿问题，美方提出了苛刻的赔偿要求。邓超饰演的角色暴跳如雷，大声地争吵着，情绪激动。很显然，这是一个困境。新希望不可能支付对方这些昂贵的费用，这会让公司承受没顶之灾。但是美方很坚持，双方各说各的理，没法达到和解，如果继续谈下去，除了争吵只能是停滞不前。

这个时候，成冬青说了一句话："我建议我们先休息会。"这是一个非常聪明的应对困境的策略：调整谈判氛围，缓和紧张氛围，给双方缓冲的时间，甚至是共进午餐和晚餐继续谈判。

罗杰·道森甚至提出，可以更换谈判团队的成员，把那个引起争执的人换掉，继续商谈。

电影里的主角们也是这么做的。他们吃了一个午餐，回来的时候，佟大为饰演的角色拿了一盒月饼当成礼物送给美方，并且开玩笑地说，如果谈不好，还可以拿月饼砸他们脑袋。这个玩笑，让大家的气氛很快放松下来。接着他们就美方如何能够在中国市场上获取更多利益进行谈判，结果也很好，无需赔付那么多，也用合理的价格，合法地拿到版权。

总结一下：如果谈判过程中遇到所谓的困境，其实可能只是僵局，这个时候先搁置核心的矛盾，从边缘外围先谈点小的事情。而如果真的遇到困境，更改谈判氛围、换人、寻找机会，都是好的方法。

⑵ 让步的策略

亲，谈判和说服就是妥协的艺术。

为了避免僵局或者困境，我们就需要提前做出让步，如果可能的话。

那怎么让步呢？

核心策略就是每让一步，必须索取回报。我知道，你可能会认为，这可能不太符合我们中国的传统文化，“求仁而得仁，又何怨？”你都准备让步了，就不能痛痛快快的吗？能不能实在点？

“实在点”是我们的文化要求。我一点都不反对，谈判的最重要的一个原则一定是真诚而非欺骗。我们只是说，这可能会让对方感受更好一些。

不信你看下面两个例子。

有一次，出差成都的时候，我需要租一辆车，送车前一天，工作人员打电话说：“抱歉先生，你预定的那辆 suv 有故障，我们能否给你换一辆同一品牌价格差不多的轿车呢？”那个时候，我很着急用车，选的时候没有太在意是不是 suv，想想他们也不容易，就很痛快地回答没问题。送车当天，这个公司又电话来说：“抱歉先生，今天下雨，堵车特别严重，您能不能稍等一会。”而我需要这辆车尽快到另外一个城市参加一个活动。

同样，还是租车，还是这个平台，我去内蒙古带家人玩的时候，又需要租一辆车。那个地方确实需要车才行。而且我确定需要 suv，考虑到宽敞问题，我还选了一个 7 座的。你说神奇不神奇，租车又打电话来说："先生您的租的 7 座那个车型还没有还回来，我给您换一个别的牌子的行不行？"

我这次没有立即同意，也没有拒绝。我回答道："这个我需要和我家人商量一下，你知道，我在家说了并不算，不过，如果我们同意，你们会为我们做什么？"对方很不好意思地说："我们很不好意思，先生，我们经理说，给您每天优惠 50 元，再送您一份额外的保险，这样你们就不用买了。"

要知道那个车一天也就是 300 块，保险一天也得 50 块。而且第二天，车也没有迟到。

第二次我们也没有要什么，只是问了一下。问这一下，也就表明了一个态度，我可以让步，所以可以谈，不用说对错，不用对抗。但是同时，这就锚定了这是双方的问题，甚至可能是对方的问题，如果对方有问题，除了需要承担责任，还不能得寸进尺。

但是，在这里我们强调一下，让步一定要索取回报，但是绝对不能提具体的要求，否则就非常容易陷入对抗。

就上面那个例子，如果我说，我可以接受别的车型，那么是不是你们得给我便宜点？放心，他们一定会说要换的这个比之前那个好多少。或者立马开始防御，觉得你这个人不好说话。你看，明明是他们的错，现在变成你的问题了。

所以，我们就用罗杰·道森在《优势谈判》里面的表达方式："如果我能为你做这个事情，那么你能为我做点什么?"[1] 然后不再说话，等对方回复。

⑶ 对付说自己说了不算的策略

亲，"我去问问领导 / 家人"是有办法解决的。

我们也避免僵局了，也让步了，对方就是说自己说了不算，需要回去商量，怎么办?

首先，我们得知道，对方真的有可能是说了不算。他们有非常复杂的审批流程，对方说他说了不算回去商量，是一个负责任的表现。

但是很多时候，这就是一个最常用的策略而已。

大家为什么愿意找一个更高上级的挡箭牌呢？一个是因为决策和思考确实是我们人类大脑最消耗能量的事情，节约能量的本能让我们能不思考就不思考，能不决策就不决策。其次，有一个上级可能让我们回避拒绝的责任，大家还是不想让对方直接知道，是我本人不同意你的，这样见面就会很尴尬。没有了这个压力，我们就可以毫无顾忌地谈更多的内容，而不用担心谈了以后的后果？最后，有个挡箭牌，

① (英) 罗杰·道森:《优势谈判》，迩东晨译.北京联合出版公司,2022，第67页。

可以让我们有更多的时间慢慢想想，避免犯错。

所以，通常我们都会找一个挡箭牌的上级。而且，高手往往是采用模糊实体，也就是某个组织，而不是一个具体的人。比如董事会，比如决策层，或者是自己的家人，他们就是不说具体的人。

为什么？如果直接告诉了我们，是需要他的总经理拍板，那么如果我们真的需要搞定这个事情，我们会怎么想？“我为什么不想办法去跟总经理谈，跟你在这里扯什么？”而当是一个组织出现的时候，他的价值就会更大，因为，我们也不知道找谁，只能通过他去帮忙实现信息传递，甚至是说服这个组织。

好了，现在信息基本上都是互通的了，如果对方也使用这个策略怎么办？

事情总还是要谈下去。如果大家都有诚意，不妨上来谈的时候就把事说开了：“如果大家谈的政策是满意的话，是否可以当场决定。”或者“我可知道你的所谓的老板就是你自己。”不知道大家有没有感知，如果我们去买一个比较贵的东西，我们会发现销售人员一直在问你的问题就是：“如果给你这个价格，你今天能不能定？能我就去申请。”

有人总是会说：“我很想定下来，但是你知道，我们公司我真的说了不算，我觉得我得拿到好的政策，去找他们，这样才有诚意。”有些人，总是这样。那怎么办呢？他们很喜欢你，他们也信任你，但是，他们觉得还是需要考虑一下，不想这么着急做决定。这个时候，我们需要用两个策略。

第一，赞美，让他们感觉很有面子。“你在你们公司肯定是极其重要的角色，我能感受到。”“你在你们家肯定是被尊重的，我能感受到。”等等。有的人，这个时候就可能已经同意你了，会说：“你看得差不多，如果我觉得可以，他们基本会同意，你稍微等下。”

第二，预设，和对方讨论一下他们的所谓的领导会比较在乎什么，其实，就是他本人在乎什么。“你觉得你领导会不太满意这个方案什么？”

第三，让他们承诺他们会帮你去申请。非常有可能，对方会继续说：我先去问问试试，这个时候，我们被敷衍的概率就很大了，我们必须需要立即确认，“我相信，你会帮我推荐给你的上级对吗？”

总结一下：沟通谈判过程中，我们会遇到谈不下去的时候，我们的策略是不要硬刚继续谈，我们要么回避重点，先从外围开始，要么先暂停谈判，换一种方式和氛围。我们大部分都会遇到需要让步的情况，每让一步，我们都争取有所回报。我们也会遇到不决策、拖延的时候，我们本身也需要一个缓冲的时间。这个时候，我们需要通过模糊的上级实现缓冲。同时，通过开局回避和确认的方式，避免无休止的、层层加码的所谓的汇报。

⑷ 对方并不好相处的策略

亲，不是所有人都是双赢的思维，有的人总是只在乎自己，没有必要让他们变成和你一样。

如果对方并不好相处，我们往往谈的时候都会打怵。

其实这时候，我们需要先做的第一件事情，就是告诉自己：“亲，你可能会要么打，要么逃，这很正常，不丢人，但是不能解决问题。”

第二步，我们如果要保留自己的控制权，需要强迫自己刹车，喘口气。这不是逃，而是对抗本能。面对对手的咄咄逼人或出言不逊，而我们拒绝以牙还牙，那就等对方说完，沉默一段时间，这样足以显示出我们并不赞同对方的行为。毕竟，大喊大叫无济于事。不要把自己太当回事，对方哪怕说了对你不敬的话，也不是什么大不了的事情。感觉不到被侵犯，不是一个简单的事情。有的人特别敏感，有的人迟钝一些。但是，无论如何，谈判和沟通中不能够被激怒。

第三步，提醒他们为什么要在这里。

好好地提醒他们为什么要在这里谈判沟通，不是为了吵架，也不是为了放弃机会。善意、谦虚地提醒他们你提供的东西对他们有什么好处。提醒他们如果你离开不谈了，结果会是什么。但是请注意，这里不是要挟，只是谦虚地告诉他们，你也没有办法，你的“神秘的上级组织”（上面我们讲过的虚拟组织）只会让你这么做。

工作上，我们经常会对那些不好谈的人在谈之前就提醒："我们今天在这里不是为了吵架，而是为了达成一致，对不对？"

第四步，不能够被欺负。

很多心理学家指出喜欢欺负人的人，头顶上会有一个神奇的"天线"，他们会特别容易找到那些可能被欺负的人。这里我们需要回到第五章，复习一下，看看如何让自己看起来更有气场。

针锋相对：

最后还有一种比较平常的谈判场景，至少我们应该坦然面对的一种场景，那就是谈判中难免要针锋相对，难免谈不拢，或者对方难免使诈，出尔反尔。

这种情况下怎么办？

平台的业务从事多了，经常会遇到这种出尔反尔的商家。我个人比较喜欢的是西蒙·霍尔顿在《如何成为谈判专家》中引用的罗伯特·阿克塞尔罗德的针锋相对策略。

这个策略在追求共赢的指导下，要求我们一开始要开放、信任、合作，但是如果对方让你失望，就要在下一次打交道时候报复他。具体如下。

①友善和共赢的追求：从合作开始，引导对方进行共赢，如果对方愿意合作，就继续合作。

②了了分明：一旦对方叛变，需要报复。但是不是立即报复，而

是让对方有弥补的机会。因为现实中对方往往不是故意的。所以，我们需要告诉对方发生了什么，并且告诉他这是不能被接受的，需要一个解释和撤销的动作。如果对方不同意，那么你就可以报复他了。

③原谅：如果对方愿意恢复合作，立即合作。

④明确：让对方知道你在做什么，以及为什么要这么做，让对方有充足的预期明确即将发生什么，不要让对方猜。

⑸ 应对对方的阴险策略

多年的销售和谈判的工作，让我更有机会发现人和人之间的差异。我们需要面对一个事实，那就是人和人之间在行为方式上确实存在巨大的差异。

为什么有的人总喜欢“玩阴的?”

从心理学上来看，人们确实有三种特别黑暗的人格，分别是自恋、马基雅维利主义和精神变态。

自恋人格的人，通常在生活中对自己的价值过于扩大，但是又极度敏感。他们稍不如意，就又体会到自我无价值感。他们幻想自己很有成就，自己拥有权力、聪明和美貌，遇到比他们更成功的人就产生强烈嫉妒心。他们的自尊很脆弱，过分关心别人的评价，要求别人持续地注意和赞美；对批评则感到内心的愤怒和羞辱，但外表以冷淡和无动于衷的反应来掩饰。他们不能理解别人的细微感情，缺乏将心比心的共感性。因此人际关系常出现问题。这种人常有特权感，期望自己能够得到特殊的待遇，其友谊多是从利益出发的。

马基雅维利主义的人，为了自己的利益不择手段。高马基雅维利主义的人重视实效，保持着情感的距离，相信结果能替手段辩护。他们更愿意操纵别人，赢得更多利益，更难被别人说服，他们更多的是说服别人。

想想谈判中，有没有遇到这种朋友?

事实上，这类人格在整个社会中的比例恐怕比我们想象的要多，他们经常以一种非常正常的样子和我们谈判沟通，出现在我们面前。有研究表明，这类人在人群中的比例是 4%，也就是每 25 个人中就有一个。

这些人真的就是以玩套路为乐，他们觉得，一个谈判和沟通如果不能通过给你挖几个坑，设几个套让你跳进去，他就没有成功。在他们的世界中，他们拿到利益，而不管你的死活是家常便饭。

那么怎么办呢?

首先，我们还是要坚信，不管是什么人，只要对他们有利，总是会听劝的。所以更要坚定地和任何人谈判，都要先执行共赢的策略，看看利益怎么保证。这是应对所有人类的策略。

其次，还是要识别。

我们要识别哪些是对方合理的策略（比如本章介绍的），哪些是卑鄙的伎俩。怎么区分呢？接受双方的问题，我们与另外一方一起找到解决的方案。

如果真的只是使用合理的策略，对方会很乐意同你一起解决。而如果是卑鄙的伎俩而已，对方才没有那么多心思，毕竟要圆一个谎需要太多的精力，对方会千方百计地找借口解释为什么不可能。

比如我们谈判的时候，双方都可能说："我们领导说不行。"很简单，你真诚地让对方帮你约他的领导，看看什么时候有空。如果对方只是在用第三方给自己的谈判争取思考的时间，对方是想和你成交的，大概率你会在某一天见到他的领导。而如果对方只是自己不想和你好好谈谈，通过这个方式，恐怕你是不可能见到他的领导的。

再次，我们还是得知道两个基本的道理，你有权威和气场，对方不愿意在你身上使用伎俩。还有一点，如果对方喜欢你，对方也不会轻易使用，毕竟大家还是不愿意用这种方法对付自己人。这两个问题怎么做，我们可以回过头来看一下第三章和第五章，复习一下，在这里就不赘述。

最后，认真学习本章，得知道他通常在用什么策略。

7.4 成交的策略

亲，很多人都在利用你的大脑的非理性，用一些套路，让你尽快同意。习武重要的是防身而不是攻击别人，所以我们要了解以下六种套路，使别人不能利用我们。

上文说了很多遍了，沟通和谈判的目的是让自己的利益最大化，去争取更多。所以，任何沟通谈判，我们都希望也都需要回归到自己目标。我们很多人到这一步是不好意思的，大家可以聊得不错，但是就是要自己的利益和目标的时候却羞羞答答，不好意思张口。中国人甚至觉得，我不能直接要结果，你看着给，做人实实在在的最重要。我们听说过什么天使魔鬼法则，蚕食法 / 逐步成交等等到这一步的各种方法手段，但是，经常使用那些手段又被识破的人会被贴上一个“不实在”的标签。一旦这人不实在，在我国基本就等于不靠谱。下一次就还是躲远点好。

我们上面也说了，中国人更习惯人情偿还的交易方式，而西方更喜欢利益交换的交易方式，西方人可能并不在意这些。

那我们呢？到底要不要用一些策略让对方同意呢？

对此，我建议，我们遵从自己的内心即可。大家体验不一样，有人生来就是生意人，有的人并不是。做生意的时候需要的策略，在日常生活中真不一定要用。

那我们先看看，那些生意人，或者专业的销售人员，他们经常使用哪些策略。毕竟我们都需要经常买东西或者跟销售人员打交道。

(1) 好人/坏人策略

其核心的操作是设置一个坏人的角色让对方产生恐慌，同时利用一个好人的出现，给对方一些安慰和希望。让对方抓住一个稻草，这不同于过程中，当对方不决策时所说的“说了不算”的策略，是利用人类恐慌时的不冷静和“人皆恨失”的心理，让对方做出决策和行动。

这是我们最常遇到的策略，或者也是我们自己最不经意用到的策略。比如以下几个事例。

孩子淘气不吃饭，你是不是经常对他说：“妈妈一会儿就过来了，那你就会被收拾了，快，我先帮你，赶快吃掉。”

一个员工并不胜任，你想让他离开时可能说：“我还是很喜欢你，但是HR的评估说你的绩效有很大的问题，他们要求你换到新的岗位。”

你看中了一个车，很中意，销售跟你说：“先生，我个人非常愿意使用这个折扣卖给你，但是，你知道，我领导肯定不会同意。”

你看，不管你是不是喜欢，或者是不是觉得用策略让人同意会让你心生愧疚，它无时无刻不出现在我们的生活中，依然利用我们大脑懒于思考的本能，伴随着我们。

如果别人用这个策略对付我们怎么办呢?

通常，识别它就是最好的开始，为了避免尴尬，我们无须当面拆穿。但是，如果我们微笑地说一下："你不会再在跟我玩好人/坏人的游戏吧。"通常对方会很收敛。或者微笑地告诉对方："我可不管你们的分工，我认为这都是你要说的。"或者我们也跟上面一节说的一样，我们也可以创造一个我们的"坏人"。

⑵ 循序渐进策略

循序渐进策略也叫登门槛策略。

把重点和分歧放一放，先从外围和边缘开始谈的策略，其实不用等上面说到的僵局的时候才可以用到。哪怕一切顺利的时候，我们可能也经常使用到。

为什么呢?

接受了小的事情，就等于建立了联系，甚至建立了承诺。销售人员深谙此道。并且这种从小的请求开始，最终要人答应更大的请求。

想想我们在菜场买菜的时候，本来你是想买点那些真的看起来嫩嫩的油菜，这是你的计划。你发现某个摊位的最好，而且价格还便宜一些。

"两块三，给两块吧，还想要点什么?"摊主笑着问道。

“嗯，嗯，没有什么了。”你支吾道。

“西红柿是今天刚到的，我们自己去地里收的，你要不要尝尝?”你看了看，确实很不错。

想一想，虽然西红柿更贵一些，你会选择说不要吗?

为什么登门槛有效?

我们大脑的认知偏差中有一个偏差叫作“证实偏差”。这是指人们总是有选择地去解释并记忆某些能够证实自己既存的信念或图式的信息。也就是，我们会千方百计地找到各种信息去证明自己的判断是对的，而对于跟自己的判断相左的信息，会选择性忽略。

人们都有保持良好自我感觉的需要，希望维持合理的高自尊。即认为自己是好的、有能力的、高尚的。人们看待世界有其独特的方式，其原因可以追溯到这种想维持有利的自我形象的潜在需要。如果让人们在扭曲真实世界以满足维持良好自我感觉的需要和真实地反映世界之间做选择，人们常选择前者。

一旦确认了自己的选择是对的，我们就会一次一次地欺骗自己，坚信自己的正确，并为此开始行动。这叫言行一致。只要自己的立场站稳了，我们就会倔强地去和自己的立场保持一致。

心理学家弗里德曼和斯科特·弗雷泽做的实验更加验证了这个结论，在加州，他们想让居民在自己的前院草坪上竖立一个大公益牌，由于很占地方，很多居民会拒绝，但是另外一组居民，被要求先签名支持："美丽加州计划"。两周后再去要求竖立一个大的牌子的时候，大部分的居民都同意了。

为什么？签署了计划，代表了一种承诺，既然承诺了，就要执行。

所以，无论是对方还是我们，一旦接受了小的要求，大概率就会去做更多。

(3) 反悔策略

还是我自己和房子的事。我发现，中介在这些个策略上，用得确实得心应手。

毕业工作之后要买个房子。预算有限，算得很谨慎。好不容易看中一个房子，自己也能负担得起，而且大家谈得也不错。房东要价110万（很多年以前的价格了），我能承受100万。几轮下来后，房东同意105万。我并没有松口，一直在谈，希望优惠一些。当然，那个时候，我还并不太懂谈判。我看出来，房东有点烦躁，但还是很想尽快卖出。

"100万吧！"我说，"您这个沙发是否可以留下？"

房东很坚定："105万。"

我心里还是非常纠结。多5万，父母就要更加省吃俭用，贷款也需要还得更多，压力更大。但是，房子确实很不错，我的女朋友也很喜欢这里。

一夜没有睡好，都在盘算，第二天怎么去跟房东再压压价格，我想如果 102 万，并送那个我喜欢的沙发，我就买下了。

第二天一早，中介打来了电话，说："房东想了想，觉得 105 万太低了，不准备卖了，只能 110 万，同时，今早还有几个人要看。你怎么想的？"

我清楚地记得，那个时候，我心里万分忐忑。

"什么?！不要了吧，我们再看看！"我和准备要结婚的女朋友说，当然现在是我的太太。她没有说什么，但是我看出，她的脸上滑过一些沮丧。

"105 万还行吗？"

"估计够呛，"中介说，"我去试试吧。"

我心里有点后悔，为什么当时不同意这个价格。现在我好不容易争取到的 5 万的优惠，可能就不存在了。沮丧在心里蔓延开来。

一上午的漫长等待后，中介来了电话说："我们说服了房东，他同意 105 万，但是必须今天就得定下来。"

听到这个消息，那个时候竟然有点欣喜若狂。

在非理性那一章，我们知道了很多在沟通谈判过程中我们可能存在的本能驾驶的场景，在这里不得不再唠叨一下，上面说过的"前景理论”。也就是人们厌恶损失的本能，忘了的读者可以再返回第二章看一看。对我而言，哪怕是优惠的 5 万块，也是我的收获，失去它也能让我非常难受和厌恶。

当然，反悔策略肯定是一场赌博，这是特别容易激怒别人的一种策略。可能当我们只有遇到上面说的我这种，一直想要更多利益，不停喋喋不休地要东西的人，用起来才可能有效。

⑷ 给面子策略

在中国，这更加重要。而当你的对手是一个自认为非常善于谈判沟通的人的时候，这个策略就是重中之重。

没有人会觉得自己不对或者不行，也很少有人不在意自己的自尊。在中国的文化中，这叫作“需要给点面子”。

我们可以主动让一下，告诉对方因为他的优秀表现和专业性，我们愿意再让点东西出来。

儿子在刚学自行车的时候，我选择了一个线下的门店为他购买自动车。主要是为了让小朋友现场感受，试试喜欢哪一辆自行车。

很快，小朋友就看中了一辆，说这个很好。当然，我知道，他可能只是被车身上的奥特曼吸引了而已。

这个店是在一个妇女儿童批发市场里，一看就是可以谈价格的。同时，卖自行车的店铺这里还有很多，甚至一排都是。我在用我的技能跟店主聊天，但几次下来，店主对价格并不松口，说现在竞争很激烈，大家都不敢乱报价。

小朋友在旁边嚷嚷说："爸爸，要不就买这个吧。"

这时候店主看了我一眼说道："我觉得你很厉害，说话让人特别信服，这样，我给你 9 折，再送你一套打气筒，还有车子坏了，随时过来找我，2 年保修。"

我几乎没有任何犹豫就埋了单，并一直表示感谢。

店家的这个策略用得非常高明。首先，他是在最后才采用，上来并没有任何让步。其次，时机非常合适，爸爸对小朋友的恳请本来就是没有什么太多抵抗能力，只需要小小地推进一下即可。最后，他对我进行了很让我喜欢的赞美，因为我就是教谈判的。

⑸ 天使魔鬼策略

这不同于好人坏人。而是，你听我的为什么对你好，利用你对于竞争对手的痛恨心理，告诉你不听我的，竞争对手会得逞的策略。

很多销售尤其善用这个策略。

我那个开餐厅的同学，被那个互联网平台，搞得十分烦恼。

"他们的业务员，每次来最后的结尾都是说买了他们的推广广告产品，对餐厅的客人是多么有好处，然后告诉你隔壁谁谁家，也在用，效果不错。你不用，就丧失机会！整个市场的焦虑，都是他们贩卖的。"我同学狠狠地说道。

我知道，大部分时间他都会购买，他不想比同行差。这就是我们的市场环境。

总结一下：工作生活中还是会经常遇到其他所谓的让你做决定的策略。这些策略，或者让你喜欢，或者让你不爽，甚至生厌。尤其是当大家反应过来以后。比如，有人还在用诱饵策略，抛出一个假的目标，真的却在后面。有人在用瞒天过海的策略，通过各种文字游戏或者语言诱导骗你上当，骗你决策。

这种策略对于同一个人只能用一次，而现在互联网使用的普及程度，已经让任何人之间的联系从 6 分度转为 4 分度，也就是，通过 4 个人就能找到你想找的人。做了不好的事情，也可能会以更快的方式，让别人知道。

毕竟沟通谈判的过程，我们的信用是非常重要的。

⑹ 阿尔法和伽马策略

实际上，这是骗子们经常对我们用的策略。

想想我们收到的诈骗短信："你中了 500 万，先交一点点税就可以获得这笔巨额财产。"

这个套路的核心是"我给你的方案利益很大，损失很小，用几乎没有损失的机会去博一把大的利益，你为什么不试试?"

销售谈判中，这个策略也被我们广泛使用。想想卖房子的商家怎么说的呢？"今天交 1 万定金，买房可以直接抵 10 万，而且如果你不买了，我还可以退给你。"这就是典型的阿尔法伽马策略。好处大大的，1 万可以抵 10 万，坏处却很小，你不要买房，还可以退给你。

我们再看看我那个做餐厅的朋友的遭遇。还是那个平台，把这一招也用得炉火纯青。他们会让我朋友只跟他们一个平台合作，不准跟他们的竞争对手合作："你如果跟我们一家合作，我们可以保证减少佣金的收取，而且订单会更多，哪怕没有他们的，总量的订单还是更多。这可是一大笔钱，你可以试一段时间，如果不行，你要退出我们会全力配合。"

你看，阿尔法策略是，你跟我合作收益很大成本更低。伽马策略是，你损失很小，试试，不行就退出。

现实中，精明的商家，往往是把天使魔鬼策略和阿尔法伽马策略联合使用，很朴实，效果却惊人。

7.5 执行的策略

亲，如果让对方愿意执行你们谈的内容，公平的感觉是最重要的。

有没有想过一个问题，一切谈得都很顺利，但是如果谈的事情不能落地，那么有什么意义呢？

是的，虽然我们过程中使用了策略，让对方同意，但是对方总会有反应过来的那一刻。如果反应过来感觉到自己吃亏了，或者更严重的是觉得不公平，对方一定会想办法反悔。民不患寡，患不公，因为不公平，对方可能会选择谁都别想获得。

所以，让对方感受到谈判的条件和达成的目标是公平的，是确保执行的核心要素。

那什么是公平呢？谈判中有公平吗？

我们必须得知道，这个世界上，没有公平的标准，公平仅仅是一种感觉，不是数字。所以，如何让对方感受到公平才是最主要的。

比如我们去买房子，跟房东谈，这是一个非常典型的场景。一个小区很多房子，有人挂的价格高，有人挂的价格低。当我们跟其中的一套房子的房主谈的时候，如果我们就以这个小区最低的房子价格去谈，我们觉得是合理的，毕竟小区里有人报这个价位啊。但是房东会觉得公平吗？不一定，他有自己的判断逻辑，什么装修好，楼层好啊，位置好啊，一大堆。所以，我们需要在谈的时候就跟对方说，我希望能找一个对我们两个都公平的价格，如果你觉得不公平你可以随时打断我，我们讨论一下。

所以，如果是重要的谈判，我们需要在谈判过程中反复跟对方确认，不知道这样你是否觉得公平，还有什么问题？如果对方给了肯定和承诺是公平的，后续可以落地执行的可能性才会增加。

确认公平只是开始。我们的目标设置和让步，都要考虑到对方的利益是否合理。如果只在乎我们的利益，忽视了对方的利益，确认的公平也就会是空中楼阁。当然，很多时候我们的谈判并非一锤子买卖，尤其是在长期合作的谈判中，比如和家人或邻居谈点事情，或者对商业上需要长期合作的客户，为了公平，我们需要启动轮流赢的策略。有时候我们的利益多一点，下一次就让对方赢，如果每次都是自己赢，对方就会觉得不公平。

本章回顾：

· 真诚是谈判的第一策略，少一些套路，会获得更长久的利益。

· 这个世界上，有很多不同类型的人，不一定所有的人都跟我们一样喜欢真诚。我们不一定使用套路，但是我们需要知道别人会怎么使用。只有这样，我们才能避免上套。

· 谈判开始前的策略，核心是准备。除了关于对方信息的基本准备，我们还得准备谈判不成后我们怎么应对，消除渴求心，是谈判成功的开始。

· 我们介绍了开局、中局十四种策略和套路。这些套路其实也都使用了我们前三章的理论和逻辑。

· 为了确保执行，我们需要给对方公平的感觉。

第八章：目标（target）高于一切

亲，记住你要谈的目标，胜利就很近了。

中国人说重要的东西一定要放在后面说。心理学有一个现象叫作峰终定律，一头一尾的体验会影响一个人对某件事情的判断和感受。所以请相信“人是一切”和“目标”是六个因素中最重要的。脑科学记忆力领域的艾宾浩斯遗忘曲线告诉我们，1 天后，我们只能记住我们想记住的 33.7%的内容，6 天后只剩下 25%，除非我们重复。

所有这些都在说一件事，为什么要把重要的事情放在后面说。当然，前提是你忍受着前面可能比较无聊的内容，还看到现在。

目标对于一次谈判有多重要?

我们没法具体地衡量。沃顿商学院教谈判课的戴蒙德教授说过，只要清楚目标，谈判的表现就会提升 25%。而我的感觉是，如果能在整个谈判过程中都清清楚楚知道谈判的目标，请注意是整个谈判过程中，除了成功概率的提升，至少自己谈判不会有让自己心生懊恼的感受。我们大部分人都不是谈判专家，也不需要一个团队去进行大规模的谈判，我们面对的就是生活和工作的小事，而就是这些小事，让我们很多时候，跟别人从好好谈谈，变成了闲聊或者争吵。

不信，你看看下面的场景，是不是经常发生在你身上。

场景一：会议室，大家在开会讨论一个事情，你作为项目的负责人，本来目标是想说服你的老板和同事支持你的主意落地。但是，在听到他们冷冷地说道，这个项目不怎么靠谱，先放一放吧之后，你就开始心灰意冷全程不再说话，心中在骂着。或者你会拍案而起，告诉他们多么的不懂自己项目的合理和靠谱。无论如何，散会后，你身心俱疲。不知道几天后，你突然想到："对了，我的目标是让他们支持我这个项目啊。"

场景二：带着家人出游，到了酒店发现自己预订的房间没有被安排上，酒店没有预定。简单沟通几句后，你的嗓门越来越高，你认为对方工作不负责任，不作为，你跟对方争吵起来，最后你的发抖，把该投诉的渠道全都投诉一遍，你要让他们付出代价，证明他们是错的。你的孩子，在旁边无助地看着你说："爸爸，我们的目标是不是来玩的？不是来生气的。"你才想到说，刚才沟通的目标应该是，怎么更好更快地住进房间。

场景三：你想让你的老公陪你出去玩，但是他却爱搭不理，自顾自地玩着手机，你一气之下，跟他大吵一顿，把陈芝麻烂谷子都拿出来晒一了一遍，证明他不关心你，你们不欢而散，或者你不争吵，一赌气摔门而出，不再理他，本来想好的一个浪漫周末的安排，消失殆尽。几个小时后，你心里涌起一个声音："我的目标是让他陪我出去啊。"

目标至上，需要成为我们谈判的信条，也应该成为我们日常生活工作中谈判的压轴准则。目标，是我们开始谈判的时候没有达到的，但是需要通过谈判去获得的。它就像我们去一个陌生地方时开车需要的导航，引导我们到达目的地。我们在谈判中所有的行动都需要准确无误地使我们更加接近我们的目标，而不是其他。

我敢负责任地说，如果没有目标做指引，我们上面七章的内容基本等于白写了。

8.1 目标是利益而不是立场

亲，你去谈谈不是为了证明谁对谁错的。

对于非正式大规模的商业谈判，这是第一件要说的事情。

为什么呢?

因为生活工作中，我们往往就把谈判和沟通的目标变成了证明谁对谁错，往往忘却了自己想要什么。当然，我们上面说了太多遍了，这不怪我们，我们大部分人都是这样。因为我们很难控制我们愤怒的情绪。每当对方激怒我们的时候，打败他们成了我们的本能，谈判变成了证明我是对的，你是错的，或者证明我比你强。事后，我们想想，我们去跟一个人谈了谈天，难道真的就是为了证明我们要比他们强吗？

证明我们是对的，他们是错的；证明我是行的，对方是不行的……诸如此类皆为立场。利益，是我们自己和对方内心真的诉求，是我们真正想通过这次谈判和沟通想要的东西。立场，是我们对对方的判断，无论对方是否靠谱，对方是不是个好人，哪怕是对方想从我们这里拿到什么，很多时候也仅仅是我们的猜测。

我们必须知道，谈判的目标是为了利益，而不是立场。那我们首先看一下下面哪些是利益，哪些是立场？

在家里："我想跟孩子谈谈，让他养成不要乱丢袜子的习惯。" vs "这孩子是邋遢的，并且不尊重别人的劳动。"

在工作中："我想跟这个客户建立第一步的合作，让他们的产品能上线我们的平台。" vs "这个客户不跟我们合作，只跟别人合作，就是愚蠢的行为。"

离职的时候："我需要尽快拿到离职证明，不影响进入下一家公司。" vs "他们就是针对我，他们就是想故意为难我，我需要让他们为为难我付出代价。"

你知道答案吗？

每一个场景中后面的表述都是立场。沟通和谈判中，我们去解决立场的问题没有任何意义。这个世界上每个人都有自己的想法，我们不需要也做不到让别人跟我们想得一致，我们也没有必要去纠正他们想的和我们不一致的地方。所以谈判中，这并不是我们需要关注的问题。

所以，面对本能，在有限的一点可以做事情的空间里，能让自己明确自己这次谈的目标，并且在谈判的过程中时时刻刻能想起目标，就是我们的修为。

8.2 如何设置自己的目标？

亲，目标不能只有一个。

当我们知道了我们的目标应该围绕利益而非立场开始的时候，一切就简单了很多。

那我们在沟通和谈判的时候，应该怎么设置自己的目标呢？

(1) 长期利益和本次谈判的目标

你也许会问，我去跟机场的工作人员谈一个座位还需要考虑长期利益？我去参加面试还需要考虑长期利益？我能保证本次能有座位，或者本次面试通过就很好了。

我知道，很多人都会这么想，这当然是有道理的。虽然，我们生活中可能跟一些人也就是打一次交道，然后擦肩而过，各自消失在人海。所以能赢得这次沟通谈判，拿回这次目标就是上上的选择。于是，我们可能在出门旅游的时候在陌生的城市投诉酒店前台工作效率低，让你等了很久；火车上有孩子一直哭啼吵闹，我们心烦意乱去跟孩子的父母理论能否照顾一下别人。

殊不知，戾气在慢慢积累，品质也在慢慢养成。当我们每次都要赢的时候，这就成了我们的习惯，甚至成了性格特征。别人怎么看你是次要的，我们自己内心也开始越来越需要被立即满足，焦虑越来越重。脱离了延迟满足，幸福感也在离我们越来越远。毕竟每次都想要更多，每次都要让别人听你的，每次都要达成自己的意愿，这些感觉不会让你持续地快乐，甚至它们像贪婪的怪兽，驱赶着你慢慢跳进无法满足的深渊。

如果不想这样，我们就需要告诉自己，不是谈判时每次都要赢。让自己吃点亏，让别人沾点光，你会发现，慢慢地你可能收获平和和喜悦。这事并不容易，但是需要一次一次的尝试和修炼，中国人说的吃亏是福，日本人说的钝感力，也是如此。

不要忘了，我们要让双方都感受好一点。所以，跟萍水相逢的人沟通时，要不要考虑你的长期利益？要不要从此刻开始修行？一切取决于你。

生活工作中，还有很多人我们要一直与之打交道，甚至一辈子打交道的。他们可能是同事，是客户，是亲人，是朋友。

每日抬头不见低头见，我们需要每次都要赢吗？

因为孩子考试很差，准备和他谈谈让他少玩手机，你这次的目标是少玩手机，那么长期来看你的目标是什么呢？

⑵ 保底和争取的目标

我们上面提了很多次锚定这事，并且讲了谈判的开局策略无非就是锚定与反锚定。锚定这事，落在目标上叫什么呢？叫作保底目标和争取目标，如果更好理解一些，叫作“must have”的目标和“nice to have”的目标。

由于很多时候，“nice to have”的目标是我们很多人都忘了的。所以，我们要再提一下上面提到过的美国前国务卿基辛格说的，“谈判获得多少关键取决于你的条件开得有多离谱”这句话。换句话说就是，谈判想取得多少利益，关键就是我们“nice to have”的目标有多高。从锚定的逻辑来看，设置一个“nice to have”的目标可以管理对方的预期，把对方的期望落在一条线上。更神奇的是，设置一个更高的目标，会让我们更好地拿到我们想要的结果。

这是为什么呢?

我们还得回到我们人类的心理的常见现象，我们在第一章中提到过人类互惠的基本原则。也就是我们有偿还别人恩惠的需求和动作。如果有人以某种方式对我们行事，比如表达善意，我们理应对他还以类似的行为。在谈判的目标这个核心事情上，这一心理特征依然在发挥着巨大的作用。

西奥蒂尼在《影响力》中讲的互惠式让步的行为可以很好地解释“nice to have”和“must have”目标的背后逻辑。如果有人对我们让了步，我们便会觉得有义务也退让一步。西奥蒂尼和我们前面提到过罗杰·道森都不约而同地把这个叫作“拒绝 – 后撤法”也叫我们上面说的给面子法。我们先提一个高的、大的目标，这个目标真的大概率会被拒绝，等对方拒绝这个“nice to have”的目标后，我们在提一个小小的“must have”的目标，如果“must have”的目标让对方感觉到是“nice to have”的让步，对方大概率也会做出让步。

但是，以色列的研究人员发现，如果“nice to have”的目标非常离谱，看起来非常不着调，就会产生事与愿违的效果。对方会觉得我们缺乏诚意，从而也不必承担一起让步的义务。

所以，目标的“nice to have”必须符合看起来靠谱的原则。

我相信，有的读者会说，这些伎俩不会被识破吗？如果被识破会不会有副作用呢？

确实存在如果被识破，他人会对你的人品产生怀疑的风险。但是加拿大的研究人员通过实验发现了更有意思的结论。

他们请求被访问者至少在两年内，每周到诊所做义工两小时，被拒绝后，再退回到较小的请求，为自己的社区医院无偿工作 4 小时。这时候答应的比例是 76%。但是如果直接提无偿工作 4 小时，答应的人只有 29%。

然而，真正答应的人，有多少能出现在社区医院呢？

结果发现，拒绝—后撤技巧的参与者的比例是 85%，后者只有 50%。

而后他们通过类似的实验测试实验者，当完成第一次交易之后，是否愿意继续接下来的合作。结果显示，拒绝 – 后撤技巧下的被实验者继续合作的概率高达 84%。

这是为什么呢？

研究人员发现，碰到运用拒绝 – 后撤技巧的受试者，反而觉得自己应该对谈判最终结果负更多责任。这一部分的人报告说，自己的成功影响了对手，让对手获取的更少了，所以需要负责。其次，受实者感受到了浓浓的成就感，感觉到靠自己的努力为自己争取更多的快感。这一点我们在上面策略那一章的永远不要立即答应对方的让步请求也提到过。

还记得本书开头中的那个女同事吗？她冷静之后首先在目标设置和管理上做了规划。

她的“nice to have”的目标是：“我知道公司对员工成长的重视，而且对人充满了关怀，我现在知道北京有一个同样的岗位（级别高一级，管理的人更多，补贴也更多）我申请去北京这个，深圳我觉得适合南方人去，我相信我能达到公司的要求。”

她的保底目标是：“哪里也不去，老老实实地在当地待着。”

不出意外，HR 拒绝了她的“nice to have”的目标。

她并不指责这个 HR，她知道对面这个人对她来说非常重要，她开始尝试我们的 call 的模型，去和对方建立关系。但是没有任何乞求，而是坦然地、努力地争取去北京。

“姐，你帮帮我，我就是想去北京，我特别喜欢公司的调岗，我可以在北京发挥更大的价值，如果我去深圳，文化的差异和融入时间，会让事情进展相对缓慢，我想你不想浪费公司的成本吧？或者你肯定不是就是为了想逼我离职。”她真诚地说。

8.3 利益和关系的目标

我们国人很多时候在沟通中更在乎氛围是否融洽，更在乎彼此的良好关系是否受到影响。所以，目标的制定的时候往往是把关系的维护放在第一位的。

不得不说，按照我们前面讲过的“互惠”的原理，放弃短期的利益，维护好关系以获取更大的长期利益是一个常用的手段。

那到底要怎么做？到底是为了关系还是为了利益？其实，这个时候最关键的问题是你怎么定义你的利益。我们会发现，不同的人对利益的标准是不一样的。这中间最关键的因素又回到了我们第三章提到过的，我们人和人之间在对待同样一件事情的动机会有很大的差异。

有人会觉得利益的底线是我可以吃点亏，咱们融洽的氛围和日后相见的和睦就是利益的一部分。有人觉得利益的底线是我必须比别人拿得要多，我的东西不能够有损失，是我的就是我的。

这是为什么呢？

人是社会性动物，我们有我们不同的性格。

我们在第三章已经提到过，有的人是大五人格中宜人性的人格。基因里带的特征，让我们更多关注别人的需求。宜人性高的人是善解人意的、友好的、慷慨大方的、乐于助人的，愿意为了别人放弃自己的利益。宜人性低的人则把自己的利益放在别人的利益之上。本质上，他们不关心别人的利益，因此也不乐意去帮助别人。

同时，我们的社会动机也千差万别，有的人亲和动机很强，他们做事情第一动机是为了良好的人际关系，谈判中一定会很在乎氛围是不是融洽，大家是不是都很满意等。

所以，到底是利益重要还是我们和沟通对象之间的关系重要呢?这是一个仁者见仁，智者见智的事情。不会有标准答案。

我们要做的就是跟随我们的内心。如果我们本来就是一个宜人性比较强的人，同时又有很强的亲和动机，那么我们在沟通谈判的时候利益的目标就会关注双方的关系，甚至放弃很多自己应有的利益。那就放弃吧，因为这样你会开心很多。开心和舒服是不是你的最大的利益呢?

8.4 对方的目标

为什么要考虑对方的目标，我来谈谈的目的，明明是为了自己的利益。

我们再重复一遍之前说过很多遍的话，谈判是为了让对方实现你的目标，如果你自己就能实现自己的目标，何必要去和对方谈谈呢？自己搞定不就行了。如果我们不能让对方愿意帮我们实现我们的目标，谈判就失去了应有的价值。我们只是对方世界中一个小小的部分，甚至可能无关轻重，或者根本不存在，他们的老板，他们的家人，他们的朋友是否让他们开心或者焦虑，比你想要的目标更重要。所以，如果你想和对方达成共识，你就要努力地走进对方的世界，思考他们的目标，用他们的视角看这个问题，看看有没有切入点和机会。

我们需要把对方的目标纳入我们的思考中范围之中。如何思考对方的目标呢？

①这次谈判对话中对方的需求是什么？

一个人在我们的对面愿意和我们好好谈谈，他们一定有需求，可能是利益的获得，也可能是心理的满足。所以，在确认了我们自己的目标之后，一定要想想如果你是他，你想从这次对话中获取什么。

然后尽可能地去满足他的需求，这样我们才能拿回自己的利益。

如果他预算不充足，想省省钱买到你的东西，你就在职责范围内努力地帮他申请打折扣。如果他是想证明自己说了算，就努力地给他尊重，让他觉得自己可以掌控。如果他只是遵守岗位职责，不想为你开特例，那就不要挑战规则，理解他。

有了这一步，我们的目标才能有落地的可能。

②对方的优先级是什么?

我们有不同层次的目标，有必须获得的，有最好获得的。对方也是。每个人都有不同的价值判断标准，也有不同的行为方式、生活习惯。我们要每个人跟我们有一样的判断是不现实的。除非我们不断地去问提问，这一板块内容请复习一下上面讲过的如何提问的那一节。商业谈判中要做充分的准备，把开放式问题和封闭式问题结合起来，去了解对方的一些背景和习惯。

只为了一个最核心的目的——对方最在乎什么。

③“这对我有什么好处!”拿到自己的目标先去满足对方的目标。

开头的那个女孩，在上一节中，我们知道她跟HR设置了“nice to have”的目标，她想去北京接受那个岗位。

跟她谈的HR小玲是一个看起来高高大大、很凶却非常善良的女士。那天，她们谈了很久，最后电话里小玲没有再说什么，只是说，我知道你的需求了，我回去想想办法。

我那个女同事说，那一刻，她感觉到了小玲的辛酸。

后来那个女同事主动约了小玲在咖啡厅坐坐。

“这事让你们费心了，这活真不容易干，你真挺不容易的!”女同事说道。

“都是工作，你不也一样。”

“我怎么做，才能让你不为难，能让你顺利完成你的工作?”

女同事问。

小玲没有立即回答什么，只是她们开始聊了很多女生的事情。女同事没有忘记自己的目标，但是，也在想办法办满足小玲的目标。

后来，女同事又给我打电话，说不用调动了，事情出了转机，她可以继续在本地原岗位工作。至于，为什么有了转机，她也不知道。

我笑了笑，心想这只狗和猫还是有用的。

好了，就先到这里吧。

我们用了10多万字，去解释“狗”和“猫”（pup & cat）在说服谈判中如何发挥作用，并希望能帮助大家实现自己的目标。但是，无论内容是否容易记住，我们不能在现实中去操作、去练习，我们就无法真的记住。

最后，我们希望大家都能如愿，简简单单，不需要什么事情都去跟对方谈谈才能拿回结果。如果真需要谈，希望这只“狗”和“猫”（pup & cat）能随时跳出来，帮助大家。

参考阅读

彭聃龄：《普通心理学》，北京师范大学出版社 2019 年。

（美）戴维·巴斯：《进化心理学》，张勇、蒋柯译，商务印书馆 2021 年。

（美）布里奇特·罗宾逊－瑞格勒、格雷戈里·罗宾逊－瑞格勒：《认知心理学》，凌春秀译，人民邮电出版社 2020 年。

（美）丹尼尔·卡尼曼：《思考，快与慢》，胡晓姣、李爱民、何梦莹译，中信出版社 2012 年。

（美）斯图尔特·戴蒙德：《沃顿商学院最受欢迎的谈判课》，杨晓红、李升炜、王蕾译，中信出版社 2018 年。

（日）田村次郎、隅田浩司：《谈判就是搞定人》，孙律译，中国友谊出版公司 2017 年。

（英）西蒙·霍尔顿：《如何成为谈判专家》，魏颖译，人民邮电出版社 2021 年。

（英）罗杰·道森：《优势谈判》，迩东晨译，北京联合出版公司 2022 年。

（德）弗洛里安·韦：《谈判的逻辑》，全栎译，四川人民出版社 2022 年。

（美）克里斯·沃斯、塔尔·拉兹：《掌控谈话》，赵坤译，北京联合出版公司 2018 年。

（美）E·阿伦森：《社会性动物》，邢占军译，华东师范大学出版社 2007 年。

彭凯平、闫伟：《活出心花怒放的人生》，中信出版社2020年。

(美) 罗伊·鲍迈斯特、约翰·蒂尔尼：《意志力》，丁丹译，中信出版社2017年。

(美) 埃米·卡迪：《高能量姿势》，陈小红译，中信出版社2019年。

费孝通：《乡土中国》，作家出版社2019年。

黄光国：《人情与面子：中国人的权利游戏》，中国科学技术大学出版社2023年。

(美) 埃米尼亚·伊贝拉：《能力陷阱》，王臻译，北京联合出版公司2019年。

(美) 奥伦·克拉夫：《说服的艺术》，李佳蔚译，湖南文艺出版社2022年。

(美) 列纳德·蒙洛迪诺：《潜意识：控制你行为的秘密》，赵崧惠译，中国青年出版社2013年。

(奥地利) 阿尔弗雷德·阿德勒：《自卑与超越》，曹晚红译，中国友谊出版公司2017年。

(美) 卡罗尔·德韦克：《终身成长》，楚祎楠译，江西人民出版社2017年。

(美) 马克·墨菲：《用事实说话：透明化沟通的8项原则》，吴奇志译，人民邮电出版社2019年。

(美) 罗伯特·西奥迪尼：《先发影响力》，闾佳译，北京联合出版公司2017年。